老子隐跡考述

题签 李步宁

U0577274

授予临洮老子文化研究会"全国社会科学普及基地"称号

作者在校稿

老子隐迹考述

方英华 著

甘肃人民出版社

北宋·晁无咎 老子骑牛图

图书在版编目（CIP）数据

老子隐迹考述 / 方英华著. -- 兰州：甘肃人民
出版社，2022.7（2024.1重印）
ISBN 978-7-226-05727-8

Ⅰ. ①老… Ⅱ. ①方… Ⅲ. ①老子－人物研究 Ⅳ.
①B223.15

中国版本图书馆CIP 数据核字（2022）第004865号

责任编辑：李依璇

封面设计：雷们起

老子隐迹考述

方英华 著

甘肃人民出版社出版发行
（730030 兰州市读者大道 568 号）

河北浩润印刷有限公司印制

开本890 毫米×1230 毫米 1/32 印张 4.25 插页 2 字数 80 千
2022 年 7 月第 1 版 2024 年 1 月第 2 次印刷
印数:1001~3000

ISBN 978-7-226-05727-8 定价:36.00 元

代　序
研究老子史迹　传承中华智慧

范　鹏

　　老子思想是中华民族智慧十分重要的组成部分，很早以前就引起了黑格尔等世界著名哲学家的高度关注和很高评价。老子作为在中国历史上唯一可以与孔子比肩的思想家，备受各国人民推崇，也是少数可以写入人类文明史特别是哲学史的文化巨人。对于这样一个中华精神智慧渊源之一的轴心时代的思想家，与其他文明创始人一样人们的兴趣是多方面的。对诸如释迦牟尼、耶稣、孔子、老子等文明奠基者既可以有神话传说式的、宗教信仰式的和哲学思考式的研究，也可以有文化溯源式、历史考据式和民俗反演式考证。方英华先生的《老子隐迹考述》很难归结为一种固定的研究方式，更多地体现为综合创新式的研究。

　　关于老子的各种行踪特别是其所终历来是中国文化的一个大悬案，方英华先生依据民间传说，既尊重历史文献又解读非文字历史；既有传统考据也有大胆推理，

对这个大悬案得出了自己的看法，十分符合历史的逻辑
与民间的思维，把老子的归宿定在了可能有据可说的临
洮。我之所以说"有据可说"是因为这类考据很难完全
做到有据可"查"，至少我们对方先生的结论可以说是
"事出有因"，也很难有人能够证明"查无实据"。

由此我想到了几点作为感言发表出来，以示对方先
生热衷老子研究的敬意：

一是人类文明已经开始从追求普遍性转向了追求普
遍的多样性，这是文明对话与交流的前提与基础，对于
老子隐归处的研究也应该从普遍性的"不可能搞清楚"
走向普遍多样的"可能性"，其中有些很可能就是历史
的真实。

二是对轴心时代的思想家的研究既要继续在思想上
做文章，也要在史实上有进展。只有这样，"思想"才
能放射出更多多样的光芒，而多样的光芒可能引领更多
的创新。在这一过程中对于民间学者的研究应该给予特
别的重视与支持，必须把这些看上去并不精深甚至很不
专业的研究作为学术生态的重要因子。

三是不忘本来才能开辟未来，只有善于继承才能更
好创新。不忘本来的前提是认清本来，因此对历史的反
复探索应该成为书写新的历史的基础。因此，对方先生
这样对于历史敢于不断有所断定的学人，我们应该从道

义上给予无私的支持。

四是早就有历史大家提出一切历史都是当代史甚至思想史（意大利的克罗齐与英国的柯林伍德）。对于老子归隐处的研究与考证其实也具有当代价值与思想意义。这种价值不是争夺历史文化名人的闹剧和无耻吹捧文化丑角的恶作剧，这种意义也不是故意做历史翻案文章和牵强附会的超级想象，而是通过人们了解丰富多彩的历史事实、礼敬优秀传统文化、传承人类卓越思想，使我们的历久弥新的文脉传下来、使中华文明走出去、使当代中国文化强起来。

2014 年 10 月 1 日

（范鹏：中共甘肃省委宣传部原副部长，甘肃省社会科学院原党委书记，甘肃省社会科学院原院长，中共甘肃省委党校原常务副校长。本文原系评论，现作代序。）

追寻老子的足迹

雷紫翰　张淑菊

　　谁都有恋家思乡之情，方英华先生的故乡情结显得更为浓厚。要不，离家在外教书、生活已六七十年，为啥子他至今还保持着川北口音？

　　然而拜读他在耄耋之年所撰的《老子隐迹考述》，你就会发现：他早已成了一名"陇右赤子"。

　　近几十年，旅游业热起来以后，全国许多地方都在争抢历史文化名人。智慧大师老子当然很热门，已被多地争来抢去，都快"无处躲藏"了。方英华先生看不下去，于是在退休前后，开始着手考证老子可能隐居之所。

　　方先生1958年从四川师大历史系毕业，他志愿前来支援大西北，历任甘肃省临洮师范学校教师、教导主任、副校长、校长兼党委书记，荣获国家人事部、国家教委联合授予"全国优秀教师"称号。退休了，该享清福了，他却选择为老子而奔忙。七十三岁出任临洮县老子文化研究会会长，陆续组织编印10期《老子文化探索》和《老子文化文论选集》等4部专辑，更走访、调研、编写

《老子隐迹考述》，真可谓"老骥伏枥，志在千里"。

方先生熟读《道德经》，紧扣老子的逝时和逝地，搜寻各种蛛丝马迹，梳理老子的西行路线并搜寻其隐迹。逐步追问并探讨：老子为什么要自隐？老子为何择秦地为归宿？尹喜的身世及传承作用？老子西出"至关"是何关？老子入秦后有哪些隐迹？老子为什么要去流沙？老子究竟终老何处？

很显然，要解答这一系列问题是一件苦差事，方先生却做得充满乐趣。围绕"老子隐迹"这个难题，今天终于贡献了观点鲜明的一家之言。

行将九十高龄的方先生，依然精神矍铄，壮心不已。我们相信，方先生还会沿着老子的足迹，继续探索下去的！

于 2020 年 3 月老子诞辰

（雷紫翰：兰州大学华夏文明传承创新发展研究中心执行主任，甘肃省人民政府参事室特邀研究员；张淑菊：甘肃省老子文化研究会会长，原兰州市人大常委会副主任）

目　录

引　言

　　本书定名《老子隐迹考述》，即史料翔实处，可考证则考证；史料不足处，则只记述，有待进一步考证。

　　本书完稿后，在"后记"中简介了成书过程。

　　本书主体由十二课题（专题）组成。课题有长篇，也有短论；有深究，也有简说。没有固定的套路、格式。

　　全稿可分四大部分。

　　第一部分（前三课题）是导论，阐明《老子隐迹考述》的指导思想、原则和方法；

　　第二部分（第四课题）探究老子生活时代、其人其书；

　　第三部分（第五至第十一课题）考述老子出关路线与隐迹；

　　第四部分（第十二课题）前瞻考古、索源创新。考述老子在临洮凤台飞升等古老传说的源头，阐释和佐证老子"终老于斯"。

一、老子文化研究的宗旨

（一）临洮老子文化研究会简介

2016 年，为贯彻习近平总书记在全国哲学社会科学工作座谈会上重要讲话精神，推动社会科学普及工作再创佳绩，10 月 24 日至 25 日在湖南省长沙市召开了全国第十八次社会科学普及工作经验交流会。会议最后以全国社会科学普及工作组委员会文件（未标文号—编者注）形式，公布了"关于表彰全国优秀社会科学普及专家、优秀社会科学普及作品和全国社会科学普及基地的决定"。会议决定授予临洮老子文化研究会"全国社会科学普及基地"称号（见彩插）。这样，临洮老子文化研究会不仅是定西市社科联理事单位，而且是甘肃省仅有的四个"全国社会科学普及基地"之一，这是难能可贵的。

这个称号是对临洮老子文化研究会工作的肯定。全会成立十四年来，团结一心，艰苦奋斗，编辑会刊（内

部资料）——《老子文化探索》，刊出 13 集，共印刷 4
万余册，开设栏目以研究老子思想和老子隐迹为主题，
学习、研究、宣传、普及为途径，阐明老子是人，不是
神，更不是仙。会刊是临洮老子文化研究会和海内外老
子文化专家和爱好者交流思想的平台，共刊出著述 200
余篇。同时更有多部专辑、专著问世。《老子章句新编
校译》《老子隐迹考》等成为一家之言，获得国内外诸
多专家学者的称赞。

　　这个称号，对临洮老子文化研究会作为社科组织定
了性质，更将推动临洮老子文化研究会工作。唯物论和
唯心论是相对立的哲学基本问题。习近平总书记指出：
"马克思主义哲学包括辩证唯物主义和历史唯物主义，
是马克思主义立场、观点、方法的集中体现，是马克思
主义学说的思想基础。"① 它是关于自然界、人类社会和
思维发展的最一般规律的科学，它的产生是哲学上的伟
大变革。在新征程上，必须继续推进马克思主义中国
化。临洮老子文化研究会在指导思想上必须继续排除形
形色色唯心论的干扰，坚决贯彻习近平总书记在中央政
治局的讲话精神，"认识历史离不开考古学"，"建设中

---

①习近平. 坚持历史唯物主义不断开辟当代中国马克思主义
发展新境界. 求实，2020，2：4.

国特色、中国风格、中国气派的考古学"① 的要求，坚持历史唯物主义，更加高举唯物论的旗帜。

（二）道教与"老子飞升"说

我国宪法第36条规定："中华人民共和国公民有宗教信仰的自由。"国务院根据宪法和有关法律制定了《宗教事务条例》，规定："信教公民和不信教公民、信仰不同宗教的公民应当相互尊重、和睦相处。"

习近平总书记在全国宗教工作会议上明确指出："马克思说，共产主义是径直从无神论开始的。""共产党员要做坚定的马克思主义无神论者，严守党章规定，坚定理想信念，牢记党的宗旨，绝不能在宗教中寻找自己的价值和信念。"② 透过共产党员不能信宗教的纪律要求，使我们体会到：临洮老子文化研究会作为社会科学普及基地，必须高举无神论的旗帜，树立历史唯物主义世界观，摆脱唯心主义宗教观念的束缚，正确理解党的宗教政策。

宗教是一种社会意识形态，相信并崇拜超自然的神

---

①习近平. 建设中国特色中国风格中国气派的考古学更好认识源远流长博大精深的中华文明. 求实，2020，23：4。

②习近平在全国宗教工作会议上讲话. [2016–12–14]. 新华社.

灵，是支配着人们日常生活的自然力量和社会力量在人们头脑中的歪曲、虚幻的反映。对神的信仰和崇拜是一切宗教的核心。

道教是我国土生土长的宗教。道教与道家本质上不是一回事。道家与道教产生于不同时代，有各自不同的代表人物，即使同一个人物在两者之中也具备了不同的个性特征。道家中的老子是一个现实的思想家，是道家的创始人。道教中的老子则为太上老君，是一个宗教人物。两者一为人，一为神，性质显然是不一样的。道家具有人间性、世俗性，存在于思想领域，以现实的智慧之光照耀人间。而道教是思想信仰，有严密的组织与宗教活动，试图以一种超人间、超现实的力量来改造世界，包括求得永生不亡，羽化飞升成仙，以成仙得道为最终目的。

临洮为了发展旅游文化，开发老子文化资源，加强岳麓山凤台景点、飞升阁景点、伯阳宫景点等等的建设，有其积极意义。

甚至，历代官民举办纪念老子庙会、老子文化节、公祭老子典礼等等，也是合理的。

（三）老子隐迹考述属考古学范畴

老子隐迹考述与调研，与考古工作同属社会科学。

老子隐迹调研，实为考古学范畴，须按照考古工作的要求去做。

习近平总书记在《求是》刊物 2020 年第 23 期上发表了重要文章《建设中国特色中国风格中国气派的考古学，更好认识源远流长博大精深的中华文明》①。这是习近平总书记 2020 年 9 月 28 日在十九届中央政治局第 23 次集体学习时的讲话，体现了以习近平同志为核心的党中央高度重视传统文化，高度重视从历史中汲取智慧，高度重视中华文明的创造性转化和创造性发展。党中央不仅把考古工作作为一项文化事业，而且把考古工作看作"具有重大政治意义的工作"，是"展示和构建中华民族历史，中华文明瑰宝的重要工作"。从而，极大地提升了考古工作的地位和意义。这是我国领导人第一次系统地阐述考古学的意义、价值，也对考古工作提出明确要求，这必将成为中国考古学发展史上的里程碑。

习总书记在文章中强调，当今中国正经历广泛而深刻的社会变革，也正进行着坚持和发展中国特色社会主义的伟大实践创新，我们的实践创新必须遵循历史发展规律。

---

①习近平. 建设中国特色中国风格中国气派的考古学，更好认识源远流长博大精深的中华文明. 求是，2020，23：4.

习总书记在文章中一再强调，考古工作是展示和构建中华民族历史、中华文明瑰宝的重要工作。认识历史离不开考古学。因此，必须高度重视考古工作，为弘扬中华优秀传统文化、增强文化自信提供坚强支撑。要充分认识我国考古工作的重大成就和重要意义。

习总书记在文章中还强调，要做好考古工作和历史研究，继续探索未知、揭示本源，做好考古成果的挖掘、整理、阐释工作，搞好历史文化遗产保护工作，加强考古能力建设和学科建设。要用好考古和历史研究成果。在历史长河中，中华民族形成了伟大民族精神和优秀传统文化，这是中华民族生生不息、长盛不衰的文化基因，也是实现中华民族伟大复兴的精神力量，要结合新的实际发扬光大。

习总书记关于考古工作的著述令我们备受鼓舞，倍感振奋。在著述指导下，我们要从历史的逻辑、学科发展的角度认真学习，系统思考中国考古学的发展历史及其对国家发展的重大社会政治意义。坚持辩证唯物主义和历史唯物主义，深入进行理论探索，增强中国考古学在国际考古学界的影响力、话语权。我们力求排除工作中的困难和干扰，为"老子隐迹考述"这一重大历史问题的研究和突破做出应有的贡献，这对中国考古学更好地走向大众，走向世界，回馈社会，为实现中华民族伟

大复兴也是具有现实意义的。

1. 老子隐迹考述具有艰巨性和复杂性

我们从事的老子隐迹考述的相关工作，有下列诸多特点和难点：

一是旁证资料很多，坚证资料极少。最有权威的历史资料是司马迁的《史记》。可是，司马迁写老子不过四五百字，与老子隐迹相关的仅有一百多字。

二是老子离现在时间久远，相隔二千五百多年。距老子最近的资料是《庄子》，离老子二百多年，《史记》距老子则有四百七十多年。故而庄子、司马迁对老子的记述也难免有推断成分。

三是老子名气太大。《道德经》问世后，老子成为思想巨人。在民间神话中，特别是唐宋以降，老子被加封帝号，誉满天下，传说遍布全国，历代记述十分庞杂。

四是唯心主义干扰。东汉时道教产生，老子被神化、仙化、长生不死、飞升上天，并由此产生的鬼神迷信思想传播广泛，众多的鬼神故事干扰和影响，极大地妨碍了大众对老子真实面目的探究。

这些特点和难点决定了老子隐迹研究工作的艰巨性和复杂性。

编写这本"考述"的目的是为了传播老子文化，全书内容既要有学术性，又要有普及性。大家知道，老子在《道德经》五千言中，措辞简古、惜墨如金，被誉为"诗化的哲学"。千百年来，注家蜂起，终难恰切地阐发其文本的精义微旨。往往为了对一字一词的解释，学术界聚讼不休。因此，当想把《老子》其书用雅俗共赏的语言做出精确的解读，就不是一件容易的事。

2. 注重发扬考古工作者的创新奉献精神

（1）本"考述"编辑动因

编写本"考述"的动因是，在习总书记关于考古工作的著述指导下，发扬考古工作者的创新、奉献精神，深入进行老子隐迹研究。

（2）本"考述"体现了创新、奉献精神

①老子隐迹考述有进展

老子隐迹考述，顾名思义，并非研究探讨老子博大精深的哲学思想，而是一部关于老子出关后到底去了什么地方，到底终老于什么地方的专著。因为这个问题，是困扰我国文人学者和学术界2000多年的一个难题，也是今天我国广大哲学社会科学工作者十分关切的一个颇具挑战性的热点问题。

最早载入老子事迹的是《史记》，但对老子生平事迹的记述极其简略。叙其"至关"，"著书上下篇，言道德之意五千余言，而去"之后，对老子的终极结果，

只有寥寥五个字，"莫知其所终"，因此留下了千古之谜。

后世学者都不乏对老子生平的研究，但对于老子的最终归宿，基本上和《史记》一样，只是在"莫知所终"前加上了"西去流沙"几个字。不过这几个字的确相当重要，它起码将老子去向大致框定在今天甘肃省的河西一带。

本"考述"经过执着探索，得出老子没有逝于流沙，而是又返回狄道，最后以今临洮作为终老的归宿。经过我们临洮老子文化研究会同仁历经十余年时间，奔波数千公里，六寻哲人行踪的艰辛探索，足迹遍布陕、甘、豫、皖所有相传与老子有关的地方。一边搜集史料，一边分析考证，花了七八年时间，终于厘清了老子西行归隐的路线。这确是在 2006 年兰州"老子文化国际论坛"的基础上对老子隐迹考察的充实，是老子隐迹研究取得的新进展。

②深入考述老子本来面目

本文已开宗明义述及，老子是人不是神。在下文中，本"考述"还将辟专章，采用浓重笔墨，剖析"老子飞升"说，剖析古老凤台渊源，还原老子本来面目。在此开窗，仅属示底。

3. 深入探讨"老子飞升说"

综上所述,归纳一句:"老子飞升说"具有宗教迷信的色彩,是无法抹杀的。

(1) 老子在临洮终老飞升?

此论是说老子逝世在临洮后,"飞升成了神仙"。在学术界,明眼人一看就指出,这是坚持道教教义的产物。没有道教"飞升成仙"说,就没有老子在临洮终老飞升之说。此说既承认老子终老了,更吹捧老子"飞升"上天成仙了。终老与成仙、唯物与唯心在此碰撞,怎能调和?一错百错,满盘皆错。

还有辩解说,坚持老子临洮"飞升"说是为了体现老子思想在临洮的"升华"。思想如何"升华",应以事实为据,但现下无人能够一一阐明。

(2) "老子飞升说"是对老子终老临洮的一大有力佐证和充分肯定?

这个说法实质仍在吹捧道教的有神论,目的是为了宣传老子飞升成仙。没有道教有神论,就不会有老子飞升成仙之说。无论怎么诡辩,"老子飞升说"改变不了这个说法属于道教有神唯心论的性质。

此论称狄道(临洮古称狄道)人民认为"终老于斯"的直白表达是对老子不尊敬,也不符合先民的民间口吻,只有用老子"飞升"这样的传说,溢美、赞誉为神，才能表达出狄道人民对老子的崇敬、感念之情。此论颇多含糊，"终老于斯"为什么是"表达直白，是对老子不尊敬"？需要"符合先民的民间口吻"是什么？

应该指出传说不同于神话、寓言、宗教之类。"老子飞升"不是传说，而是道教教义的体现。难道说强调只有溢美、赞誉为"神"，才能表达出狄道人民对老子的崇敬、感念之情吗？应该放宽眼界来思考这个问题。当今国内外高度评价老子《道德经》，评价老子是道家学派创始人，中国哲学之父，辩证法的鼻祖，伟大的思想家，举世公认的中国古代文化名人。在《影响中国历史的100位名人》一书之中排名第三。[①]（前两名为周公和孔子）他的学说一直影响着中国和世界各国专家、学者及民众的思想和行为，正是狄道人民对老子崇敬、感念之情的继承、创新。破除宗教迷信，各国专家、学者及民众始终批判把老子一味赞誉为神，更不承认"老子飞升成仙"。怎能说"只有为神"，才能表达感情呢？世界上对老子及其著作的评价应该得到尊重。

还应该指出道教文化，绝非道家文化。道教文化是神文化，或称宗教文化，即民间流行的风尚、习俗，或

---

①冠华. 影响中国历史进程的100位名人. 呼伦贝尔：内蒙古文化出版社，2005：9.

称民俗。"百里不同风，千里不同俗。"民俗中最突出的是夹杂着许多迷信的陋习，崇拜臆想的鬼神等等，古狄道民间文化与道教文化都具有神鬼观念，这是一脉相承、紧密结合的。

老子在临洮飞升不死成仙，与老子终老逝世在临洮，一个不死，一个死了，一反一正，真是矛盾，风马牛属，怎能说"老子飞升"这个传说是对老子终老临洮一大有力佐证和充分肯定呢？

（3）老子文化组织不能与道教组织一起开展活动？

此论称前者举旗唯物论，后者确属唯心论，两者是对立的哲学基本派别，不能接触，不能一起开展活动。

这个观点看事物太绝对，属于机械唯物主义范畴。辩证唯物主义认为物质世界永远处于运动与变化之中，它是互相影响、互相关联的。

我们必须看到，道教在其形成与发展过程中，使道家与道教两者之间又具备着十分密切的特殊的关系。一方面道教是依托道家思想建立起来的。道教是把老庄黄老之学、神仙长生之术及民间巫术结合起来形成一种特定的宗教形态。道家对道教影响巨大，道家思想是道教重要的思想来源。老子的《道德经》是道教的主要经典，称为《道德真经》。在道教的长期发展中始终依托道家思想，老子的《道德经》，庄子的《南华经》等成为道教的重要经典。可以说，没有道家就不可能形成道教。没有道家，道教就失去了坚实的思想支柱。另一方面，是汉魏以后，道教得到了长足发展，道家是借助于道教的发展而得以延续的。两者渊源深重，学术影响上联系紧密。

由此看来，道教既然以道家思想作为理论支柱，必然包含着道家老庄等的著述。道士们、道教学者们在进行注释及阐发时也必然发展道家之学。两者在学术上具有共同的内容。鲁迅说："中国根柢全在道教，此说近颇广行。以此读史，有多种问题可迎刃而解。"① 为了学术研讨与交流，两者接触，一起开展活动，或举办会议，或提供著述，组建平台，无可非议，是一件大好事，应该大力提倡。

只是，老子文化组织在活动中不能宣传封建迷信，不能宣扬"老子飞升"，欺骗游客。

4. 应该怎样宣传老子文化?

此问题是根据当前宣传工作不到位提出的。

老子文化的宣传，必须贯彻《中国共产党宣传工作条例》。这个条例在规定指导思想、根本任务的基础上，

---

① 致许寿裳//鲁迅. 鲁迅书信集：上卷. 北京：人民文学出版社，1976：18.

规定各级宣传部门应当指导协调有关单位，"坚持马克思主义在哲学社会科学领域的指导地位，……加快构建中国特色哲学社会科学"。这个条例指导我们当前如何宣传老子文化。

二、考述老子隐迹的原则和方法

（一）史料的重要性

国学大师陈寅恪指出史料的重要性。他在《王静安先生遗书序》中指出："一曰取地下之实物与纸上之遗文互相释证。……二曰取异族之故书与吾国之旧籍互相补证。……三曰取外来之观念与固有之材料互相参证。"①

俗话说："巧妇难为无米之炊。"探寻、找到现有史料是考述老子隐迹的首要工作，是考述的前提。没有文献资料，老子隐迹考述缺少了凭据，则无法进行。史料愈丰富，经过整理，愈有说服力。因此，知名史学家傅斯年，直白地说："史学便是史料学。"而史学研究，即

---

①陈寅恪. 王静安先生遗书序. 上海：上海古籍出版社，1980：219.

重在"比较不同的史料"。①

遵循上述原则，我们搜集有关老子隐迹的史料，自然力求做到必务求其全，"一网打尽"。但这只能是一种理想。要真正做到这一点，是极端困难的，甚至是不可企及的！

临洮地处西北，是古丝绸之路的要冲，交通尚方便；更近省会，信息流通，社会开放。十多年来，我们通过全国古旧书店、大中型图书馆、采访专家等多种渠道搜集有关考证老子隐迹的资料，更有专家学者捐赠有关老子藏书资料，所得千余件。通过学习研究，开阔了眼界，解放了思想，充实了老子隐迹的依据。但是，中国是一个文明古国，文史典籍浩如烟海。我们对老子隐迹史料的搜集，也只能从面临的实际条件出发，尽到力所能及的努力而已。

我国传统，治史须养成"读书得间"的钻研精神。② 国学大师梁启超强调指出，"史料以求真为尚""能向常人不怀疑之点能试怀疑，能对素来不成问题之事项而引起问题""必有怀疑然后有新问题发生，有新

---

①傅斯年. 史料论略及其他. 沈阳：辽宁教育出版社，1997：3.

②《汉语成语大词典》有"读书得间"条目。这个条目记：间（jiàn），间隙，比喻窍门。形容读书能寻究奥妙，心领神会。

问题发生然后有研究，有研究然后有新发明"。①

知名史学家傅斯年强调整理史料的原则和方法："第一是比较不同的史料，第二是比较不同的史料，第三还是比较不同的史料。"②

（二）整理"老子隐迹考述"史料的原则和方法

近年，在我与西北师大资深教授蹇长春的几次讨论中，他以历史唯物主义为指导思想的前提，继承和借鉴前人和时贤行之有效的治学经验和方法论为原则，把整理"老子隐迹"史料的原则和方法概括为"四端"，即四个"统一"，是较全面、深刻的，颇有见地。这"四端"（四"统一"）是：

1. 观点和史料的统一

所谓观点，即对老子的评断。有关老子的史料是多种观点赖以成立的依据。两者是密不可分、相辅相成的关系。

整理老子隐迹史料，若无精当明晰的观点，则显得杂乱无章，使人不得要领。反之，若无充实可靠的老子

———————

①梁启超. 中国历史研究法. 上海：华东师范大学出版社，1995：98 – 99.

②傅斯年. 史料论略及其他. 沈阳：辽宁教育出版社，1997：2.

的史料支撑，则显得游谈无根，没有说服力。

我们必须审慎地鉴别老子史料，下一番"正误辩伪"的功夫，去伪存真。最后将老子最原始、最直接、最珍贵的直接史料，和有价值的间接史料，加以融会贯通的整合、探究，得出自己的看法和结论。

2. 整体与局部的统一

整体是由若干个局部组成的总和；而局部则是有机整体的分解和细化。二者关系，即现代系统论中母系统与子系统的关系。

整理老子隐迹的考述史料要有全局观，把老子史料看着有内在联系的有机整体，再进而用宏观与微观相结合的方法去整理，并且必须兼顾其前期和后期等内在的整体联系。务使梳理的史料，在局部层面说得通，在整体上也站得住，庶免前后矛盾。

3. 人物、事件与时代的统一

世间的一切人和事，都存在于一定的时间和空间，是历史的、具体的社会存在。我们要弄清其真相，就必须结合人物、事件及其时代背景作历史的、具体的、三位一体的立体考察，才能洞察其究竟，还历史以本来面目。

鲁迅先生在《且介亭杂文二集》中《题未定草七》中指出："倘要论文，最好是顾及全篇，并且顾及作者的全人，以及他所处的社会状态，这才较为确凿。要不然，是很容易近乎说梦的。"① 这一教导的要旨，是教导我们必须遵循方法论原则行事，启迪我们整理资料必须坚持有效途径：把作家、作品及其所处的时代背景关联起来，作三位一体的立体关照，方能得出正确的结论。

4. 历史与逻辑的统一

这是治史常用之法。即在对具体的人物和事件作研判时，遇到直接史料不足，往往借助于间接史料来做出符合事理逻辑的推论，以达到研究的目的。这近似梁启超论治史方法所标举的"理证"之说，即所谓"推度的推论法"，既不是标新立异，更不是杜撰。

《中国大百科全书·哲学·逻辑与历史的统一》条记载其要旨是，"思维的逻辑应当概括地反映历史发展的内在必然性""逻辑的分析要以历史发展为基础，历史的描述要以逻辑联系为依据"。② 这样，才能言之成理，具有为读者所接受的说服力。

前述《老子隐迹考述》工作的艰巨复杂性，表现在考述过程中遇到不少困难。根据前述整理"考述"资料的原则和方法，逐步克服这些困难，试图形成《老子隐

---

①鲁迅. 题未定草七. 北京：人民文学出版社，2003：308.

②中国大百科全书总编辑委员会. 中国大百科全书. 北京：中国大百科全书出版社，1987：551－552.

迹考述》这本书。期待这本书能够"抛砖引玉",得到专家、学者指点,以便总结相关工作。

其一是:指导思想明确。我们发扬历史学者的治学精神——"读万卷书,行万里路",把握打开老子隐迹秘密的两把"钥匙"——文献学和考古学。

在这漫长的过程中,坚持把搜集文献史料与外出实地寻访考察结合起来。沿着唯物史观的"书证"—"物证"—"理证"的并重思维道路,在前人研究的基础上分析、比较、推理,引申出相对符合情理的结论,探索着正史无载、信史不及条件下考史的新路径。

其二是:将老子放在历史环境下考述。老子所处年代是春秋晚期,出现了铁犁、牛耕。生产力的提高,推动生产关系的改变。老子所处时代,是由奴隶制向封建制变革的过渡时期。将《老子隐迹考述》放在当时这一时代背景历史环境下进行,起到了几点加深认识的作用。认识社会变革中的诸多现象;认识老子社会政治思想形成原因;认识甘愿成为"隐君子"、选择"西行秦地"作为归宿的重要原因,使考述令人信服,提高了"考述"的可信性。

其三是:用突出"老子是人"的纲目进行考述。前已述及我们剖析有神论,揭穿"老子飞升说",考察"凤台"根底,辨识老子神话,收集老子隐迹旁证,进

行思想观念交锋，吟诵历史唯物论功绩，还原老子本来面目，提高对老子的认识能力。把老子从笼罩神秘色彩的神仙，回归为一个食人间烟火的凡人。不论老子思想多么博大精深，影响多么深远久长，但他仍然是乘着牛车，吃胡麻子远游的一个学者，一个有血有肉的文化人。他在渭河和洮河流域传经布道，访圣寻根，最后死于临洮。

（三）推论、假说是学术界公认的可行的考述老子隐迹的方法

1．从推论、假说概念谈起

推论、假说均系我国古代逻辑术语，逻辑内涵基本一致，只有语言表述的区别。

（1）关于推论

亦称推理，有演绎推理、归纳推理、类比推理等等形式，是由一个或几个已知判断（前提）推出另一未知判断（结论）的思维形式，是客观事物的一定联系在人们意识中的反映。由推理得到的知识是间接的。

要使结论真实，必须遵守两个条件：①前提真实，②推理形式正确。

（2）关于假说

亦称假设，是形成和验证假定的思维过程。假者也，借用、利用之谓也，并不是说假话。

假说是以已有事实材料和科学理论为依据而探寻未知事实或规律所提出的一种推测性的说明，就是假定。

提出假说必须从事实材料出发，根据已被证实的科学理论，进行逻辑论证。显然，假说与推论同样有上述必须遵守的两个条件。也同样必须得到实践的证实，才能获得符合客观事实的科学结论。

考史必须具有实事求是的科学态度，容不得半点虚假。临洮地方史学家及其爱好者们，在运用推论和假说方面取得的成绩是较大的。

2. 推论、假说是考述老子行踪的基本方法

（1）大胆假设，小心求证

考察老子行踪的工作，面对一大堆的文献、地下实物，要辨别真伪、用途、价值等等，从何入手，如何甄别、论证，是摆在工作者面前的难题。

几千年来，特别是到了近代，总结考古工作经验，根据梁启超大胆怀疑的理念，基本方法概括为"大胆假设，小心求证"这八个字，体现了推论及假说的内涵，是推论及假说的具体运用。即反复"推论、假说——推论、假说——推论、假说"，宝塔式上升，直至"塔顶"。经过学术百家争鸣，取共识，尊卓见，再反复，再进展，再深入，求结果。否则，学术难以发展创新！

（2）推论、假说应用必须有勇于探索的精神

在考古研究领域敢于怀疑，与大胆推论假说同等重要。

很显然，不敢怀疑发现不了问题，在学术上就很难有所发现，很难取得新的进展。而大胆推论假说，实质上是对发现的疑难，在直接史料不足的情况下，多借助于间接史料，对问题作深入一步的探究与尝试。

诚然，怀疑与推论假说都不是结论，不是最后定论。但它毕竟朝着真理的方向，迈出了勇敢的步伐。较之因循守旧、故步自封者，其学术眼光与境界，自不可同日而语。是故有成就的史学大家、考古权威，遇到难题时，往往是"蛛丝马迹穷搜讨，灰线草蛇勤抉梳"，哪怕是"捕风捉影"也在所不惜。

这种勇于探索的精神值得鼓励。我们在《老子隐迹考述》书稿撰写中，应该发扬史学界考古学界这种勇于探索、创新奉献的精神。

（3）考证尚在路上

①本书编辑目的

党中央要求我们："建设社会主义文化强国，增强国家文化软实力。"本书是想为中华文明探源工程和考古中国重大项目实施、甘肃华夏文明传承创新区建设、丝绸之路经济带甘肃黄金段的战略机遇，为建设文化强市县增添一点软实力，开创非物质文化遗产保护传承的新局面。在 2006 年，兰州"老子文化国际论坛"研究老子隐迹的基础上，为揭开这个千古之谜有所奉献。

②本书考述老子行踪的程度

本书通过两个渠道——实地寻访考迹，得出老子两次来临洮讲经论道，终老临洮；剖析"老子飞升说"，在民俗传闻层面——得出老子终老临洮的结论。

这是在坚证不多，直接史料不足的情况下得出的。确属接近史实的合理推论，有待进一步考证，考证"尚在路上"，征程尚遥。

再者，从表述来说，也是"尚在路上"。我们的推论只起到了"逢山开路，遇水搭桥"的作用。编者僻处乡隅，孤陋寡闻；年近九旬，伏案不易；身有残疾，多次跌伤；站立不稳，行动不便；职称高讲，学识浅薄。这样，一些错误表述似会存在；思想水准，文化水平不高，缺点弱点难免。

③编者希望和要求

全国政协委员、甘肃省政协副主席栗震亚曾专程来临洮考察老子文化挖掘保护情况，他指出"要联合国内外专家、学者"开展工作。本文期盼得到国内外学者、专家不吝赐教，给予指点、支持和帮助，以期推动老子隐迹的更进一步的研究，为弘扬老子文化事业做出更大的贡献。

三、考述老子隐迹的前提和"钥匙"

（一）考察老子隐迹的前提：认识《道德经》

据《史记》记载，"关令尹喜曰：'子将隐矣，强为我著书。'于是老子乃著书上下篇，言道德之意五千余言而去"。①

《道德经》文广义丰，可谓博大精深，集"治国"和"治身"于一体。

《道德经》采用杂记体，没有严谨的组织结构，被誉为哲学诗或诗性哲学。它有韵而不严，常用对句，也用排比句，但不以文害辞，句式灵活多变，流畅自如；通过许多比喻使抽象深奥的哲理具体化、形象化；几乎从头到尾采取了"真事隐"的笔法，不肯涉及任何具体

---

①司马迁. 老庄申韩列传//史记：卷六十三. 北京：中华书局，1959：2141.

的人物、地点、时间、事件；涉及面广，既讲到政治经济，又讲到天文、教育，还讲到军事，等等。可以说是一部"百科全书"，从总体上讲是道家的哲学思想。

书分上下两篇，多数版本《道经》为上，《德经》为下。《道经》言宇宙本根，含天地变化之机，蕴阴阳变化之妙；《德经》，言处事之方，含人事进退之术，蕴长生久视之道。

老子思想的最高哲学范畴是"道"，其思想围绕"道"这一中心概念展开，构建了独特的理论体系。在《道德经》中讲"道"有74次之多，具有丰富的内涵。有"天之道""人之道""圣人之道""长生久视之道"。老子哲学是由"道法自然"展开的，"道法自然"是老子思想的最高境界。"天道无为"，故需要"无为而治"。因此，老子政治思想的总纲就是"无为而治"。围绕这一总纲，老子提出并阐发了一系列的独到见解。面对春秋当世的社会危机，他希望在位的统治者注意调整政策，用"无为""好静""无事""无欲"，防止激化矛盾，这样就可长治久安，达到表面"无为"而实际"有为"。

老子在中国思想史上有着特别重要的地位和深远广泛的影响，他所创立的学说极大地推动了他所在时代思想的发展。他"无为而治"的思想反映了底层民众对少受干扰，生活能趋于安定的要求，反映了他们想要改变贫富悬殊的朴素愿望，是有进步意义的。特别是，老子历览此前各代之成败得失，结合其人生之经验，认识到神并不能保佑人，现实的道德规范也并不能作为人生活的准则，提出"道"才是天地万物的根本，是人所应遵守的生活准则。从天道推及人道，动摇和否定了当时皇权主宰一切的思想。老子的贡献在于：他扩大了"道"的含义，赋予"道"以新的内涵，并形成系统的学说。按照这一新的学说，"道"被看作天地万物的本质和本源。以往是"道"从属于天，现在则是天从属于"道"。这意味着春秋时期人们认识世界过程中的一次大飞跃，是中国哲学史和思想史上的一场革命。在中国和世界有着特别重要的地位和深远广泛的影响。

老子是人类"道德论""和谐论"的鼻祖。围绕这一中心思想，老子提出并阐发了一系列独到见解，诸如尊道贵德、上善若水、谦柔处下、见素抱朴、少私寡欲、返璞归真、自然和谐、天人合一、无为不争、俭朴慈善、和光同尘、宽容和平、执一统众等理念，无不渗透着"道法自然"的至上精神，蕴含着解决人类生存与发展问题的深邃智慧，成为中华民族珍贵的精神文化遗产。这些思想对于缓和、调节乃至化解当今世界面临的诸如生态危机、资源枯竭、社会冲突、精神空虚等问题，具有深刻的现实意义。

老子充分运用朴素的辩证法来论述问题，并大量引用闪烁着智慧光芒的格言警句，不但被世代传诵，有的至今还有生命力。如：柔弱胜强、柔慈、啬俭、守静、曲全、不争、谦退、知足、朴素、厚实、积德、为善、少私寡欲、功成身退、自知者明、自胜者强、大器晚成、轻诺必寡信、不敢为天下先、天网恢恢疏而不漏、民不畏死奈何以死惧之等等观点业已深入人心，是塑造中华民族精神的源头活水，造就了中华民族的优秀品格。中华民族广大人民群众的为人处世、生活方式、思维方式以及人生观、道德观、伦理观、价值观、生死观，都以《道德经》中的智慧作为立身处世的行为准则，构成了中华传统文化重要的一部分。

《道德经》一经问世，仁人志士精心研究，注家蜂起。在两千多年的时间里，注者三千余家，包括唐玄宗、宋徽宗、明太祖等皇帝，都曾作过御注。早在唐代，《道德经》已译成印度梵文流传国外。自 16 世纪《道德经》传入西方，引起了西方人的关注和认同。特别是第一次世界大战后，面对欧洲文化危机，西方人发现最好的拯救良方莫过于老子和他的《道德经》。他们发现老子"天人合一"的思想理念，"道法自然"的处事原则，"无为而治"的行为方式，对弥补西方文明中的精神失落和强权意志，都具有非常积极的作用。

由此，在西方各地掀起了研老、宣老的热潮。《道德经》中的一句名言，"治大国，若烹小鲜"，已被载入1987年美国政府的国情咨文。几百年来，《道德经》在西方的译本达到252种，17种文字，在世界上发行量仅次于《圣经》。这一切，可见老子思想在中国、在世界极其重要的位置，足见《道德经》两千多年来的深远影响。

鲁迅先生说："不读《道德经》一书，就不知中国文化。"①

中华人民共和国主席毛泽东，结合中国革命的实际，在他的著作里多处引用《道德经》的词语和意境。尤其是《矛盾论》和《实践论》的辩证思想，无不闪耀着《道德经》的哲学光辉，成为我们学习、运用《道德经》的光辉榜样。

习近平总书记曾数次引用"治大国若烹小鲜""以百姓心为心""天下大事，必作于细"等《道德经》经典古语。老子的"道法自然、天人合一"思想融入国家实施中华优秀文化传承发展工程。②

今天，我们学习研究老子的《道德经》，弘扬老子

---

①任犀然. 图解道德经. 北京：北京联合出版公司，2016：395.

②道苑：冬卷［J］. 北京：中国文史出版社，2018：4.

文化，对我们思考宇宙、体验人生、观察社会都有很大的启迪。特别是对当前贯彻执行习近平总书记新时代中国特色社会主义思想，构建"和谐社会""和谐世界"具有重要现实意义。

学习研究《道德经》是我们考察老子隐迹的思想基础，按照老子思想去考察其隐迹，是我们必要的指导思想。

（二）考察老子隐迹的"钥匙"

1. 发扬历史学者的治学精神，把握文献学、考古学两把"钥匙"，打开老子隐迹之门

自汉初尊崇老子开始，研究老子隐迹的人不少。应当承认，这是一项非常困难的工作。只要我们发扬历代历史学者"读万卷书，行万里路"的治学精神，把握打开老子行踪秘密的两把"钥匙"：文献学和考古学，复原老子的隐迹，想要解决老子生活时代、行踪、其人其书等等诸多疑难问题是可以做到的。

2. 我们的初步探索

甘肃临洮老子文化研究会成立十五年来组织会员搜寻关于老子行踪的史料，考察地方史志以及关于老子的民间传说。我会十多次外出实地考察老子行踪路线，在这漫长过程中，要特别感谢甘肃三皇文化学会会长胡思

九先生；天水师范学院刘雁翔教授赐予重要资料；张掖市委组织部朋友帮助搜寻史料；西北师范大学学报（社科版）原主编，文学院系主任、教授蹇长春提供大量文献并帮助修改初稿。

我们对老子的隐迹进行初步"书证"（即文献考证）、物证（即出土文物实证），得出更符合历史原貌的"理证"。在前人研究的基础上分析、比较、推理，引申出相对合乎情理的结论。现就本人和我会同仁及爱好者们的一些考证，略作如下综合介绍，以请教于学界，推动研究的深入。

3. 史志、故事、神话具有一定的史学价值

近代以来，许多著名历史学家很留意地方史志、神话传说，还批评过去史学界看不起地方史志、民谣和传说。从考古发掘证实，地方史志、民间故事和古代神话传说里往往透露出古代真实历史的影子，具有一定的史学价值。这些民间资源中蕴涵着先民的感情和历史的真实，其考史功用不可小视。中华始祖有巢氏、燧人氏、伏羲氏和炎黄二帝就是根据上古的神话传说等考证确认的。总之我们既不能陷入民间传说、道教传说和神话的泥淖，也不能否定其在考察老子隐迹中的作用。

4. 历代学者研究老子的状况

从司马迁到王夫之，历代众多学者在研究老子。20

世纪初，引发了学术界一场时间长、牵涉老子面广的
"疑古"和"信古"的争论，持续十多年，从而进入
"释古"的新的学术视域。

到了近现代，随着老子研究热的日益兴起，特别是
在一大批知名学者（如梁启超、钱穆、冯友兰、唐兰、
郭沫若、马叙伦、胡适、张岱年、顾颉刚、罗根泽、高
亨、吕振羽、陈鼓应、任继愈等等）加入讨论后，逐渐
形成了一些共识。

（三）当今基本共识

当代许多学者坚持以文献学、考古学为依据，立
足于真实事实和现有的史料，以严肃认真的态度推测
老子的身世、早年生活状况，考察老子生活环境，为
研究老子隐迹做了许多有益的铺垫。他们都以司马迁
的《老庄申韩列传》为依据来谈老子隐迹。司马迁所
记："老子者，楚苦县厉乡曲仁里人也。姓李氏，名
耳，字聃，谥曰聃。周守藏室之史也。"[①] 近百年来，
史学家们经过研究考证得出：老子比孔子（前551—
前479年）约长20岁，约生于周灵王元年，即约公元

---

① 司马迁. 老庄申韩列传//史记：卷六十三. 北京：中华
书局，1959：2139.

前 571 年。生活时代在春秋后期。这些身世和经历在国内外学者中间，认识是基本一致的，为我们考察老子隐迹奠定了基础。

四、敬读《史记》，考述老子隐迹

老子是道家学派的创始人，中国哲学之父，中国伟大的思想家，辩证法思维的鼻祖，举世公认的中国古代文化名人。他的学说，一直影响着中国人的思想和行为，他本人也一直受到中国人的尊崇。然而，他的身世、经历和游历，正史记载极简略，语焉不详，人们知道太少！早在西汉初年，有关老子的传闻就真伪杂糅，难究其详了。

西汉前期史学家、文学家、思想家，太史公司马迁（约前145—?）所著的《史记》中，有《老庄申韩列传》。这是一篇四人合传，老子的传列在传首（以下称《老子传》——编者注）。有专家按现在通行的《史记》版本统计，只有454字，与本论题相关的文字仅仅116字。太史公在历经暴秦焚书、楚汉厮杀之后，为其立传，只能是老子的生平轮廓。

在《老子传》中关于老子生卒年代、老子其人、老

子其书的记载，均惜墨如金，或至为简省，或略而不书。这固然体现了太史公治史的严谨，但也给探究老子的后学者留下了不少难点。

《老子传》收录旧注有三家，就是刘宋裴骃的集解、唐司马贞的索隐和张守节的正义，为我们考述老子隐迹提供了不可缺少的补充依据。

近现代国内外不少著名学者对老子进行了多方面深入考证，然而在有些方面还很难形成统一的认识。这些考证，不仅为我们考述老子隐迹提供了较为丰富的参考资料，更为我们考述老子隐迹提供了许多有学术价值的线索和前提。

（一）谁是老子

1. 颇有歧义

老子的姓、字历来说法不一。在太史公写《老子传》时，学术界已颇有歧义。就其大略，可概括为四种说法：

①老子是孔子同时或稍早的老聃；

②老子是楚人老莱子；

③老子是战国初期魏国将军李宗的父亲李耳；

④老子是战国中期的周太史儋。

在《史记》之前，如《墨子》《庄子》《荀子》

《韩非子》《战国策》《吕氏春秋》和《礼记》等先秦典籍中，都曾提到老子和老聃的名称，或引老聃的言论，这和《道德经》的记载没有出入。应该肯定老子是确有其人。老子就是老聃，这本是先秦时期的定论。

仔细审读《老庄申韩列传》，太史公把所提到的四人之间的关系叙述得比较清楚。他是明确认定先秦时期的定论的。在本传中我们可以明白地得知老聃、李耳是同一个人。至于，太史公还提到老莱子、太史儋，那只是记叙"或曰"罢了，表明他治史的严肃态度。从本传及《仲尼弟子列传》中得知老子与老莱子、太史儋不是同一人，太史公本人是并不相信老子即是老莱子或太史儋的。

2. 本传结论

因此，司马迁在本传写道："老子者，姓李，名耳，字聃。"① 这是确切的，正史所记，具有权威性。据索隐注，许慎《说文解字》云："聃，耳曼也。"曼义为长，聃即耳朵长大之意。盖老子生来耳朵有些特别，故以耳为名，以聃为字。

可是，当今还有一说，老子"字伯阳"，这是来自

---

①司马迁. 老庄申韩列传//史记：卷六十三. 北京：中华书局，1959：2139.

前已提及的本传。"正义"引《朱韬玉札》及《神仙传》云:"老子,……字伯阳。""索隐"按:老子"有本字伯阳,非正也。然老子号伯阳父,此传不称也"。《汉语大辞典》第一册第1266页,"伯阳"条目内,也举《文选》应璩文,陆游诗以证"伯阳"指老子。

综合上述,老子"字伯阳"一说系杂言,故本书不记此名称。看来老子"字伯阳"一说历代典籍多有采用,流传甚广。

本书称"老子",不是姓名。著名专家陈鼓应、白奚指出"'老'和'李'古音同"。历代学者,不少人认为称他老子,实为敬称。是当时对年岁大、经历长、有经验、代表流派、能著书立说的李耳的敬辞,有敬爱之意。然而,从梁启超到现代新儒家学派,几乎都认为《史记》等文献有关老子姓名的记载迷离悄恍。一些近代学者考证指出,就姓氏而言,春秋时代240年间无李姓,但有老姓,如老龙、老彭、老男、老商、老祁、老佐、老成方等,因而老子原本就姓老,先祖可追溯到上古时期老童。他们认为,与孔子姓孔名丘、庄子姓庄名周、孟子姓孟名轲、荀子姓荀名况等一律,老子姓老,名聃。此系学术争论,还需要专家学者们做进一步研究考证。

3. 专家点评

著名专家陈鼓应、白奚在《老子评传》中写道："司马迁写作《史记》，力求史料的翔实而有闻必录，对于有疑问的史料，他采取的是'信以传信，疑以传疑，故两言之'的态度和方法，在正传后加附录的体例，是他常用的处理方式之一。"

陈、白指出："司马迁是一位严肃的史学家，他显然是把自己认为比较可靠的材料作为正传加以记载的，也就是说，正传的部分是他所肯定的。"在《老庄申韩列传》中，"对老莱子、太史儋用了两个'或曰'"①，表明不是肯定的。

从专家的点评中，我们体会到《老子传》所体现的治史态度和方法，由此开创出历史科学研究允许存疑的途径，其意义是深远的。

(二) 老子年岁

1. 老子的生卒年，已不可确考

在本传中太史公记有"孔子适周，将问礼于老

①陈鼓应，白奚著. 老子评传. 南京：南京大学出版社，2007：8.

子。"① 既然孔子曾向老子请教过礼，可知老子必年长于孔子。② 孔子生于公元前 551 年。据此约略可以推知老子的生年。现在学术界一般都接受这样的推测，老子年长于孔子 20 岁，其生年约为公元前 571 年，表明所处时代是春秋晚期。

2.《史记》中的记录

太史公司马迁，本着"信以传信，疑以传疑"的原则，把当时已搞不清楚的老子后半生"附之以传世"。对老子年龄，只能在《老子传》中写道："盖老子百有六十余岁，或言二百余岁，以其修道而养寿也。"③ 此语张守节《史记正义》注曰："盖、或，皆疑辞也，世不的知，故言'盖'及'或'也"。④ 按照现代汉语来解释，司马迁是说："我怀疑有人说的老子活了一百六十余岁，也更怀疑老子活了二百余岁，现在已不知底细了。"显然，所引是传言，有夸大。但司马迁说老子因"修道而养寿"是可信的。关于老子长寿之说通常为人

---

①司马迁. 老庄申韩列传//史记：卷六十三. 北京：中华书局，1959：2140.

②《孔子世家》云孔子问礼于老子在周景王时，孔子盖年三十也。盖孔子青年时，老子已是中年。

③④司马迁. 老庄申韩列传//史记：卷六十三. 北京：中华书局，1959：2142.

们所接受，而卒年则难推定，没有定论。近年，一些学者推论老子大约生活在公元前571—前471年间，似可参考，有待进一步论证。

老子逝于何年与考证老子终老地区有较大的关系，必须认真研究。

3. 有关老子庙、老子墓

我们在考察老子隐迹过程中见到多处，难以确认。我们认为，中国的传统习惯，大凡圣人、伟人所经之地，后世都会有若干遗迹。在一些历史名人活动过的地方，人们喜欢在那里为他建一座庙，造一座坟，搞一个衣冠冢，或建一个遗物冢，以示纪念。

这许多老子坟冢，真伪难辨，历史越久，越令人难以确定。只有将这些存疑的墓葬打开来考察一番，才会有定论。这多处墓冢的挖掘研究涉及《文物保护法》，属于文物保护之列，目前不具备挖掘考证的条件。我们认为现在一些地方的老子陵并不能说明这一定是老子的葬身之地，不一定是他隐迹的终点。再者，根据老子的生死观（下文将论及），后人不设老子陵也是在理的。

4. 到了唐代，老子被神化，地位逐步上升

到了唐代，道教发展到鼎盛时期，神化老子的现象也就逐步增多。道教传播唐朝开国之时得力太上老君的"显灵"，有"唐公受命""必得天下"之说。又唐朝帝

王姓李，而老君亦为李姓。李唐王朝出于隋唐改朝之际对宗教的需要，认定老子为族祖，证明自己政权是"顺应天命"。唐太宗曾下诏，明确认定。从此开始，传说每年农历三月廿八，为"唐皇祭祖日"。同时，把道教徒视为本家，明令道教高于佛教。唐高宗李治封老子为"太上玄元皇帝"，下令天下诸州普遍设立玄元皇帝庙。武则天把老子封为太上老君。唐玄宗李隆基对太上老君尤其崇信。到了宋真宗赵恒封老子为"太上老君混元上德皇帝"之后，全国各地庙堂规格，高的称作宫、殿，一般的称庙、堂。民间概称庙。这并不能说明老子到过这里，只能表明全国各地百姓对老子的崇敬。

（三）老子生活时代

1. 从历史分期问题谈起

郭沫若（1892—1978 年），中国近现代思想家、文学家。学识渊博，涉及哲学社会科学的诸多领域，在中国历史、思想史、哲学史占有重要地位。

在此特别要指出的是他所著《奴隶制时代》等书，提出中国奴隶制和封建制的分期在春秋（前 770—前 476 年），战国（前 475—前 221 年）之交的见解，为我国多数史学工作者所接受，影响巨大。

郭老的这个关于历史分期的研究结论，成为我们考述老子生活时代社会性质的依据。

2. 春秋时期社会状况

老子所处的春秋时期，是一个动荡不息，战乱不止的时代；也是一个发展迅速，充满活力和创造力的时代。在这个时代，中国古代社会正经历着巨大而深刻的变革。

变革的原动力来自社会的经济领域。春秋时期，社会生产力特别是农业生产有了迅速的发展，其主要标志是铁制农具的广泛使用和牛耕技术的推广。这两项技术的推广使用不仅使大量的荒地得到了开垦，也使得深耕细作成为可能。农业的发展带来的直接后果，是土地的私有化和土地所有者的经营方式的改变，造就了大批的新兴地主，使古代中国的社会结构发生了一系列社会变革。故春秋时期是由奴隶制社会向封建制社会变革的过渡时期。

老子的思想当然是时代的产物。老子处在这个时代，阶级矛盾突出尖锐，在这过渡时期的社会环境中，老子前半生遭遇坎坷，后来又失去了官职，沦为庶民。这种经历和命运，不仅是促成老子后半生"去周"长期隐居的重要原因，而且也是形成老子社会政治思想的重要原因。他的思想具有哲学的高度和意义，成为时代的精华。

3.《老子》成书的演变

在中国古代思想家中，老子是古往今来引起争议最多的人物。不仅表现在老子其人，也表现在老子其书。《老子》一书，是否是老子所著？是怎样成书的？成书于何时？历来是众说纷纭，莫衷一是。

《道德经》原称《老子》。《老子传》指出"老子修道德……著书上下篇，言道德之意五千余言而去"①。汉景帝时，将这言道德之意合用为名，方称为《道德经》。

流传至今的《老子》一书，虽有众多版本的差异，但老子著《老子》的史实为历代学者所公认。多数学者认为，先秦典籍所引老子的言论和现存《老子》一书记载并没有什么出入，老子的思想与现存《老子》的思想基本相符。据此可知，现存《老子》一书的基本思想就是老子的思想。

著名道教、道家学者王明撰《中国大百科全书·哲学》中记有"老子"条目。② 他指出："《老子》书里有些词句不可能出现在春秋时期，……也不见于战国以前的著作……当今学术界不少人认为老子其人可能生活于

①司马迁. 老庄申韩列传//史记：卷六十三. 北京：中华书局，1959：2141.
②王明. 中国大百科全书·哲学. 北京：中国大百科全书出版社，1987：450 – 451.

春秋末年，《老子》一书确是战国时期的作品。"

他还指出"春秋末期已有老子其人。现在通行本《老子》，多数学者认为在孔子、墨翟之后，可能成书于战国中前期。"

著名史学家陈鼓应、白奚在所著《老子评传》中，赞同史学专家高亨、吕振羽为代表的观点："《老子》书是老聃所著，但有战国时人的增益。"

他们指出："在先秦时期的《墨子》《庄子》《尹文子》《荀子》《韩非子》《吕氏春秋》《战国策》等子书中都曾引述《老子》原文或评论老子的思想。这其中儒、道、墨、名、法、纵横诸家都有，足见《老子》一书在先秦影响之广，它本身应该是已经经历了一个较长的流传过程。"

陈、吕还进一步指出，"最有说服力的当然还是来自考古新发现的实物证据。……1993 年湖北荆门郭店发掘出大批战国楚墓竹简，其中有三种《老子》节抄本。据考古学者们的判定，郭店楚墓的下葬年代约在战国中期偏晚，而竹简《老子》的抄写年代当然还要早于墓葬年代，至于它的成书年代，自然还要更早。……它的出土，证明至迟在战国中期，就已经有《老子》一书在流传。这就使得流传于学界的"'老子'晚出说"不攻自破，也以无可辩驳的实物证据有力地支持了我们对老子

其人其书的一贯判断。"①

是的，归纳专家点评，《老子》一书是老子著作，但却非完成于老子一人之手，成于一时。而是出于众人之手，经过相当长的一段时间的不断修改和补充，才编成写定流传下来形成广泛影响的。它的成书在战国中前期。

（四）老子——隐君子

在本传中，太史公评称："老子，隐君子也。"②

1. 何谓隐君子

隐君子，是对超出凡庸的隐士、隐者的敬称。隐士、隐者，隐姓埋名，不使外人知道他们的行踪，退居乡野，或凿岩穴居，不出来做官，"隐居以求其志"。

《易》经的一些卦辞，以及其他史籍中的《逸民传》《隐逸传》，都曾讲到隐士的情况。认为他们"不仕王侯，高尚其事"，他们隐居的原因，"或隐居以求其志，或回避以全其道，或静己以镇其躁，或去危以图其安。"

---

①陈鼓应，白奚著. 老子评传. 南京：南京大学出版社，2007：2－9.

②司马迁. 老庄申韩列传//史记：卷六十三. 北京：中华书局，1959：2142.

自古以来我国就有隐居山林的传统。据文献记载，自商、周开始就有隐士出现。孔子《论语》中就记载了这些隐士的一些言行。其典型者，诸如许由、伯夷、叔齐、范蠡、介子推，等等。

2. 隐士群体

在春秋末叶社会大变革过程中，适应社会性质变迁的时代需要，一个新兴的文化阶层或称知识分子阶层——士阶层应运而生。春秋以前的士不是一个独立的社会阶层。士在西周时期本是贵族阶层中最低的一个等级，处于大夫之下。春秋末叶，士开始由贵族阶级一个等级转变为独立的社会阶层。社会上出现了大批的隐士，构成了一个独特的社会群体。隐士群体是士阶层中的一个特殊群体。其特殊性质在于他们虽同其他的士人一样拥有道德知识、智能才干，但却不以干禄求仕为职事，而是隐居起来，不与统治者合作。他们是一批有文化有知识的人，以追求学问为乐趣，不肯为当政者无原则的卖力；通常采用一种旁敲侧击的讽喻形式，对现实社会施加影响，但并不强迫世人接受自己的观点，更反对用暴力将自己的观点强加于人。

这个群体往往都有高尚的志向，洁身自好，是独善其身的典范。隐士皆主张返璞归真，顺应人的本性，过一种自然主义的生活。隐士是因为无力改变现实而暂时

远离社会的，但这并不是完全脱离社会，不问世事。隐士的隐居是为了"求志"，他们并没有忘却天下，无时无刻不在观察社会，把世事放在心上。

隐士的生活，大多清苦，然亦有其乐。这种乐趣，不同于权势之乐、富贵之乐、名声之乐；那是一种自然之乐、随心之乐、求索之乐。这些隐居之人，远离尘世，摆脱了政治的羁绊、世人的干扰，又得山川之灵气，受日月之光华，因此往往能够延年益寿，还能提出一些与世人不同的独到见解。于是人们往往称他们为贤人甚至仙人，受到社会的崇拜乃至朝廷的尊崇，成为我国古代的一种风尚。

3. 隐君子——老子的奉献

老子生活的春秋之际，隐士居多，形成了一种独特的隐士文化。老子是隐士文化主要代表人物，老子思想是隐士文化最集中的体现。老子顺应历史潮流，在社会向封建制度的激烈变革中，成为统治阶级内部不当权的派别——隐君子的代言人。老子在离开周室之后，成了隐士，所以司马迁在本传中才称他为"隐君子"，说他"其学以自隐无名为务"。①

---

①司马迁. 老庄申韩列传//史记：卷六十三. 北京：中华书局，1959：2141.

老子是隐士群体中重要的一员。这个群体有知识学问，怀济世之才，不幸遭逢乱世，遂离群索居，拒不与当政者合作，主动与社会保持一定的距离。对待夏、商、周三代以来的文化传统和宗法理论持批判态度，反映了一种敏锐的时代诉求的声音。

　　他们正是一批道家思想形成的先驱者。隐士群体的思想和言行对老子创始道家学说起到了一定的作用，而老子思想又反过来成为隐士之流的理论武器。老子所创立的道家学说极大地推动了他所在的春秋时代思想的发展，和变革趋势。

　　老子与一般隐士不同。第一，他有着长期在王宫中生活的经历。这就使得他有着普通隐士所无法相比的文化素养和政治历史经验；第二，他创始了道家学说。作为哲学家他能够以一般的隐士所不具备的眼光和阅历深度看待当时的社会历史和文化所发生的变迁，这就使得他对传统和现实的批判超出一般的隐士之上，具有哲学的高度和意义，因而老子思想成了时代精神的精华。这就是隐君子一生的最大奉献。

　　回顾上述，本题目笔墨至此，成文四题。至于太史公在该传中表明老子去周西入后"自隐无名……莫知其所终"，将在下文再列专题进行考述。

五、老子为何择秦地以为归宿

（一）老子"自隐无名"缘由

司马迁说："老子修道德，其学以自隐无名为务。居周久之，见周之衰，乃遂去。"①

这个问题得从老子自隐前的主要经历和学识来考析。

1. 家乡陈国

南朝宋裴骃著《史记集解》引《汉书·地理志》曰："苦县本属陈，春秋时（前770—前476年）楚灭陈，而苦又属楚，故云楚苦县。"即是说老子是陈国人。《汉书·地理志》载："陈国，今淮阳之地，陈本太昊之墟，周武王封舜后妫满于陈，是为胡公，妻以元女

---

①司马迁. 老庄申韩列传//史记：卷六十三. 北京：中华书局，1959：2141.

（即长女，笔者注）大姬……"① 该文献接着以较长篇幅介绍了这个周武王大女婿居住的地方，保持着浓浓的周代习俗和礼仪规章；不论冬春都有打鼓舞蹈的活动；有好的绿化环境，农牧蚕桑业发达。这里流传着舜的无为而治的施政理念，流传着"金可生水"的古训，流传着深厚的隐逸风气。《诗经》中唯一完整的、也是中国现存最早的一首隐士诗——《衡门》，就出自陈国。那时的陈国，是夹在列强夹缝中的一个小国、弱国，但却是一个文明古国。深厚的历史积淀和独特的文化环境，造就出老子这样的大思想家，就不难理解了。

由于史料缺失，老子出生以及童年的生活状况后人难以知晓。安徽大学孙以楷教授在《老子外传》中说，老子的家乡流传着老子童年时的故事。他具体介绍了几个故事，都在表明老子从小天资聪颖，善于观察，勤于思考。由于年代太久远，有关老子求学的记载并不见于正史，但有关青年老子博学和多才的传说时至今日仍在民间广为流传。

2. 守藏室史

大约在二十岁左右，老子到东周王室任守藏室之

---

①《班固》. 汉书：卷二十八. 北京：中华书局，2012：1318.

史，入仕卅余年。所谓守藏室，就是周朝收藏典籍文物的地方。在那里，有全天下的文献文物，内容广泛，无所不包。守藏室史是周王室管理图书、档案、文物的史官。老子任周守藏室史后，阅读了王室收藏的文献，考察了王室典籍和大量从民间收集的歌谣。通过在这里的进一步学习和研究，在学术上渐臻佳境，逐渐成为一个学识渊博、见解精深的学者。他精通天文、兵法，会武功，懂得养生之道，熟悉历史典故，读书之多在春秋时代首屈一指，已达到"通礼乐之原、明道德之旨"的地步，成为中国历史上道学之祖。此时，约36岁的孔子去洛邑向老子请教，两人初次见面。孔子向他的弟子赞叹老子曰："吾今日见老子，其犹龙邪！"①

老子丰富的阅历和深邃的思考正是他走向隐逸之路的"以自隐无名为务"的思想基础。

3. 王朝衰落

"见周之衰"是老子"自隐无名"的根本原因。西周在天灾、内忧、外患的交迫下，由于生产力的进步而走向衰败。《史记·周本纪》载："平王之时（前770—前720年），周室衰微，诸侯强并弱，齐、楚、秦、晋

①司马迁. 老庄申韩列传//史记：卷六十三. 北京：中华书局，1959：2140.

始大，政由方伯。"①东汉郑玄注云："长诸侯为方伯。"公元前770年，周平王东迁洛邑后，在辖地上，王畿由东西长一千余里缩为六百里，且因赐予诸侯、被诸侯抢夺、被戎族攻占和给王侯公卿大夫做采邑，日趋减少，方圆仅有约一二百里；在政治上，权威旁落，周天子只是名义上的共主，诸侯不听号令，反召天子，天子依附于大诸侯，成为傀儡；在军队上，王朝由原"八军"约十四万人，减少到不足大小诸侯的三军到两军，不足三万到两万人，到后来甚至不足一军；在经济上，诸侯对王室的朝聘、贡献逐渐减少，这个王朝的主要经济来源几乎断绝，相反天子有事还要向诸侯屈躬下求。平王去世后，继位的桓王（前719—前697年）就曾向鲁国国君乞求财物办丧事。

老子"居周之久"，预示到"天无以清，将恐裂；地无以宁，将恐废；神无以灵，将恐歇……王侯无以高贵，将恐蹶。"②面对此情此状，老子愤慨地说："是为

---

①司马迁. 老庄申韩列传//史记：卷六十三. 北京：中华书局，1959：71.

②张玉春，金国泰. 老子注译：三十九章，成都：巴蜀书社，1991：99.

盗竽，非道也哉!"① 老子对东周王朝是彻底地绝望了。

4. 王室内乱

还应该指出，周王室内部贵族、嫡庶之间的争夺，也是老子隐逸的一个原因。最初是，掌握政权的贵族公卿结党营私，明争暗斗，老子成了政治斗争的牺牲品。据史籍记载，东周王朝甘氏一族由甘简公掌权，与族人甘成公、甘景公不和，老子被免去史官之职。鲁昭公十二年（前530年）甘简公死，甘成公、甘景公夺得他的权力，老子被召回东周王朝重任守藏室史之职。十年之后，周景王（? —前520年）驾崩，东周王朝又发生了争夺王位的内乱，两派力量经过五年的混战，至公元前516年，自立为王的周敬王姬匄（前519—前476年在位）终于在晋国等诸侯力量的支持下进入王城，赶走王子姬朝。王子朝奉周之典以奔楚。公元前516年，王城被毁，东周进入了彻底衰退期，老子也就无法再在王城守下去了。这时老子可能是56岁左右，开始归隐了。

老子在东周王朝为官三十多年，目睹了王室贵族的虚伪、贪婪，现在又看到他们争权夺利给人民带来的苦难，因而对东周王朝的礼制产生了深深的怀疑、痛恨，

---

①张玉春，金国泰. 老子注译：五十三章，成都：巴蜀书社，1991：131.

发出了"礼是忠信不足的产物、祸乱起始的开端"的慨叹。在这样的社会环境中，主张"清静无为"的老子只能走上"自隐无名"的道路了。

(二) 东归历年

关于老子归宿，学术界大都持西去入秦说，但也有东归者说。

一些学者认为老子离职后便离开周室"归居"了。首先是回到自己的故里，不久由于吴楚之间的战火烧到了他的家乡，老子来到沛泽隐居，没有西行秦地，而是在此接受人们来访和求学，授徒为生。

据史料记载，老子知道"周礼尽在鲁国"，归隐前曾访问过鲁国。老子"归隐"后，居处并不固定，见之于《庄子》《列子》《吕氏春秋》等先秦诸子的零星记载，可知他的活动最初应在其家乡及周边一带陈、楚、相、萧、徐、许、厉、逼阳、鲁、郯等地活动，足迹遍及今天的湖北北部、河南南部、山东西南部、江苏以及安徽北部等地区，并留下了很多故事传说，其中被广泛流传的是他隐居沛（今江苏徐州市西北部沛县一带）时的一些事迹。

老子归隐后，虽年高向往平淡，然生活没有意愿中的平静。在居沛之时，因为他在那个时代的特殊经历和

学术声望，很多人都在慕名寻找他、拜访他。其中耳熟能详者，有孔子、子贡、阳朱（杨朱）、南荣朱、柏矩、崔瞿、庚桑楚、士成绮等人。这些人苦苦追寻着老子的踪迹，纷纷造门，流连不去，皆拜伏在老子面前。这段时间不短。据《庄子》记载，孔子问老子就有九次之多。

根据上述史事，老子归隐前期确曾"东归"，但不是最终归宿。"东归说"应该看到当时陈国"陈桓公病而作乱"，诸子夺权残杀；强楚借机伐陈；吴王夫差入侵；东邻齐国也弑君夺权，政局不稳。面对"国亡家破"危局和沛泽荒凉湿苦的处境，老子厌倦战乱的生活环境，只有选择国力强盛，足以与楚国抗衡的秦国，作为最后的隐居地。东归说，否定了老子西行诸多隐迹，是值得商榷的。

（三）秦国兴起

近年考古证实，秦之先，原来生活在犬丘，即今天天水市西南的西和、礼县交界一带。《史记·秦本纪》载，"秦亦帝颛顼之苗裔"，地处中原之西，在周平王东迁以后才发展起来。

秦的祖先非子善于养马，得到周孝王的赏识，"分土为附庸，邑之秦"①（今甘肃清水、张家川一带）。处在西部戎狄包围之中，势力相当弱。周孝王赐非子姓嬴，称为嬴秦。到周室东迁时，秦襄公（？—前766在位）曾派兵护送，平王封他为侯，许以收复关中失地即归其所有。

秦经历代开疆拓土，从秦襄公、秦武公至秦穆公（前659—前621年在位）时已强大起来。穆公任用由余、百里奚、蹇叔诸贤：修政治，惠人民；败晋惠公，助晋文公归晋；伐戎狄，益国二十，开地千里，遂霸西戎。周襄王（？—前620年）命其为"西方诸侯之伯"。"诸侯毕贺，为后世开业，甚光美。"

（四）秦国安全

老子作为守藏室史，对典籍中记载的秦国历史应是知道的。

《庄子·寓言》记载老子有过一次去秦国的游历："阳子居南之沛，老聃西游于秦。"此去秦地绝非贸然前往。

春秋时期，前已述及周王室已不被诸侯重视。一些

---

①郭庆藩. 庄子集释：卷二（上）. 北京：中华书局，1961：127.

较大的或实力较强的诸侯国，为了争夺土地、人口和对其他诸侯国的支配权，不断进行兼并战争。谁战胜了，就召开诸侯国会议，强迫大家公认他的首领地位，成为霸主。先后起来争做霸主的是齐桓公、宋襄公、晋文公、秦穆公、楚庄王、吴王阖闾、越王勾践。

在这争霸过程中，秦与晋、齐、楚最为强大。比之晋齐楚诸国，秦国社会安定，长期无战争，爱人治国，劝励农耕；往来民众，豪爽热情，不拘礼仪，甚易相处；在秦地古风犹存，颇多圣迹，有黄帝陵、仓颉墓、伏羲庙、周公庙、首阳山、大禹导弱水以至于流沙等等。老子"见周之衰"选择归宿于秦地，这自然有一定道理。

至于有的学者说，老子西行秦地的目的主要是为了访圣寻根，此说有一定道理。但我认为，老子向往秦地，首先考虑的应是秦国社会生产力先进、国力强盛、社会安定等等这些前提条件。

六、老子西出"至关"是何关

（一）主张不一

司马迁说，老子"至关……莫知其所终"①。千百年来，"至关"是何关，主张不一，颇有异议。

1. 两种观点

对此，历来的解释有两种，一种认为是函谷关，一种认为是散关。

函谷关旧关在今河南省灵宝市西南，东自崤山，西至潼津，关在谷中，深险如函，故名，是由豫入陕的要隘。

散关即大散关，地在今陕西宝鸡市渭滨区南的大散岭上。此地山势隘峻，层峦叠嶂，自古为"川陕咽喉"，

---

①司马迁. 老庄申韩列传//史记：卷六十三. 北京：中华书局，1959：214.

兵家必争之地。

2. 实为散关

应该指出，前已述及老子约生于公元前517年，他生活在周，约在周景王至周敬王时（前544—前478年）；在秦，约秦哀公至秦厉公时（？—前443年）。当时函谷关所在的崤山、潼津之间称桃林塞，或称二崤，乃晋国之地。老子西行之时尚未有函谷关的称谓。函谷关是在秦惠王（前356—前311年）取崤函之后，实为秦国所设，时在战国时期了。其实，老子过的是函谷，并非函谷关。因为老子西出，必经四百里的函谷，混淆成函谷关，成为现今通行的观点。

老子西行只有入函谷，过散关，才真正达到了"去周"的目的。据《史记·周本纪》载，从西周到东周并未分治，仅属延续关系。关中始终为周地，实为西周京畿之地。东周时，在关中仍有36城邑。若是老子未过散关，而只停留在今陕西周至，即未达"去周"的目的，也否定了"西入"后诸多隐迹，论述是不恰当的。

如果"至关"是所谓函谷关，那么，老子在走出今河南西部时，就"莫知其所终"了，更否定了老子在陕西周至等地行踪。"莫知其所终"只能是"过散关"之后，即老子是在走过今日的关中平原到达东秦岭一带后，才"莫知其所终"的。

在历史上早有老子过散关的记载。西汉刘向《列仙传》曰："老子西游……（关令）尹喜果得老子。"①《宝鸡县志》载："周尹喜为散关令"，老子"将西出散关以升昆仑"，人称"老子骑牛过玄关。"（即今宝鸡市天台山山脚之玄关）。② 东晋干宝《搜神记》云："老子将西入关，关令尹喜……乃要（即邀，笔者注）之途也。"③

我们到散关考察，散关有老子庙，有一说宝鸡渭滨区益门镇通仙观旧址（今已毁）原系尹喜故宅，遗有老子给尹喜授经的"说经台"等遗迹。

以上诸述，似可据为信史。

（二）逗留楼观

行文至此，老子在陕西关中的行踪也应该进一步察考。我们去关中参观考察，知道今陕西周至县城东南 20 公里的秦岭山麓高岗上有一处全国著名的道观——楼观台。"楼观"二字是因传尹喜结草为楼，以观天象而名。观内有宗圣宫、说经台、上善池等诸多文物古迹，把老

---

①刘向. 列仙传. 上海：上海古籍出版社，1990：3.
②宝鸡县志：古籍篇. 西安：国民印书局.
③转引自《水经注校〈王国维校〉》，上海人民出版社1984年出版，第578页。

子、尹喜等尊为道教祖师，长久流传着老子、尹喜师徒讲经谈道的故事。北宋王工部《题楼台观》云："罢归关令存遗宅，羽驾真人有故丘。水石自含仙气爽，烟云常许世人游。"凡此种种，证明老子西出散关之前，与尹喜曾在今陕西周至一带逗留，是不容存疑的。

在周至就峪谷口有一山陵，或称大陵山，松竹交翠，烟雾腾绕，俊秀挺拔，迥异他山。这就是列为陕西省重点文物管护单位的老子陵所在。陵顶有石洞，匾刻"吾老洞"，洞深莫测，传说直通成都青羊宫。传说洞内有石函，函藏老子头骨。又，其侧还有"老子墓"。这就是今天人们说的陕西省周至县西楼观老子墓。对此，郦道元明确指出，此"事非经证"。① 我国近代史上享有国际盛誉的著名学者、清末民初王国维（1877—1927年）对此说也持不肯定态度。

（三）"南往"说无稽

老子西出散关的事，也产生了老子行踪的"南往"说。宋李昉撰《太平御览》云：老子出关时，"与关尹别，约曰：千日后，于成都青羊肆（即青羊宫，笔者

---

① 转引自《水经注校〈王国维校〉》，上海人民出版社1984年出版，第596页。

注）寻吾。"① 后传两人果然会于此。这显然是道教渲染的神话，为其祖师编造的无稽传说。没有史实根据，无须多费笔墨。

（四）关令尹喜的身世及传承

东汉班固著《汉书·艺文志》载："老子过关，喜去吏而从之。"② 尹喜是个什么人物？为历代所关注和论争，众说纷纭。

1. 尹喜其人及经历

尹喜的身世，正史无载。生卒年月无可考。唐朝国学博士陆德明在《经典释文》中记："尹喜，周人，字公度。"③ 现代学者张松辉教授在《老子研究》一书中说："关于尹喜，有人说他官居'关令尹'，名'喜'；也有人说他官居'关令'，名'尹喜'。我们暂取后者。"傅勤家著《中国道教史》记述，《渊鉴类函》引《关尹传》曰："尹喜结草为楼，精思至道，周康王闻，拜为大夫，以可观望，故号此宅为关令草楼观。"④ 春秋

---

①李昉. 太平御览：卷三. 北京：中华书局，1960：35.

②班固. 汉书：卷三十. 北京：中华书局，1999：1368.

③陆德明. 叙录. 上海：上海古籍出版社，1958：2718.

④张金岭. 新译列仙传. 台湾：三民书局，1997：32.

时《国语》记载关令的职责是："敌国宾王，关尹以告。"①

2. 籍贯待考

尹喜何许人？一说天水人，因雍正时《陕西通志》有载；一说解县人，因光绪时《山西通志》有记；一说陇西郡人，因《汉书·艺文志》有述；一说涡阳人，因有尹子故堆（即坟墓）。据这些史志载记，尹喜应实有其人。至于他究竟出生于何地，因史料缺乏，尚难遽定。从古至今，历史科学研究是允许存疑的。在缺乏坚证的情况下，切不可轻率地肯定尹喜籍贯。以上所引谨以存疑记录，既不轻易否定，也不文同伐异，尚待进一步挖掘史料，进行考证，提高其可信度。

3. 尹喜"贵清"

在《庄子》一书中总是尹喜、老聃并提，且尹喜在前，老聃在后，似乎尹喜要年长一些。在庄子眼里，尹、老同属一个学派，有共同的渊源。尹喜的思想，史书记载甚少。秦吕不韦著《吕氏春秋·审分览·不二》中说："老聃贵柔，关尹贵清。"② 柔者，老子所谓"柔

①转引自杨伯峻：《春秋左传注》，中华书局1990年版，第1188页。

②转引自上海古籍出版社《四库全书》，第848册，第42页。

弱胜刚强"也；清者，"清静无为"也。区区八字，已隐约道出道家学派的核心理念。西汉刘向著《列仙传》云：尹喜"善内学，常服精华，隐德修行，时人莫知。"① 台湾学者陈鼓应教授在《老庄新论》中记述，关尹"后师于老子，有《关尹子》九篇，后亡佚。今本《关尹子》盖为后人依托之作。关尹的基本思想与老子同，以道为本，尚谦弱、主虚空"②。是的，应该说，尹喜与老子有共同的思想基础、政治倾向，交谊甚笃，否则老子不会应他的请求而著述，他也不会"老子过关，去吏而从之"。

4. 隐士之流

清代《古今图书集成》卷二百二十五，说尹喜既是建观修炼的道家，又是观星望气的天文学家。他自幼究览古籍，精通历法，习占星之术，善观天文，修养深厚。庄子称他和老子是"两大真人"。春秋时期，尹喜在道家的阵营里成了第二号人物，可以认为他亦属隐士者流。

---

①刘向. 列仙传. 上海：上海古籍出版社，1990：3.
②陈鼓应. 老庄新论. 北京：商务印书馆，2008：129.

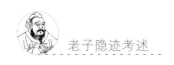

七、老子入秦后有哪些隐迹

（一）"莫知其所终"与隐迹

老子西出散关，向西，再向西，关东人们就再没见过老子了。他离开了官方视野，隐入了民间，文人墨客及官方的文字中不可能记录下他的行迹；经过的地方，无人认识他；进入的地区荒僻、闭塞，无法向中原传递信息；更因多年战乱，灾祸不断，经济文化落后，缺少史志，知道一点情况的人，也极少存留文字于人世。所以，到西汉时，司马迁确实是"莫知其所终"了。所用的这五个字，表达了西汉初年人们对老子的深情怀念，也说明老子出散关后真正做到了"自隐无名"。

但是，"雁过留音，人过留痕"。老子的隐迹是客观存在的，他在民间一路讲学布道等等的雪泥鸿爪肯定会留下痕迹，西行沿途百姓是会知道的，在民间也会有所传闻。特别是那些几千年传下来的与老子有关的许多地名即是印痕，绝非古人当年随心臆造，也不可能是历代文人的凭空杜撰，这都应成为考察老子隐迹的确证。

综观诸多隐迹，老子行踪路线是：出散关，入甘肃，逆渭水而行。经游今天水市麦积区、清水县、礼县、秦安县、甘谷县等地，再到今定西市陇西县、渭源县、临洮县。后经今兰州市的皋兰、永登，临夏州的广河、积石山、永靖，入今武威市、青海省门源县，后到今张掖市（含临泽、高台县）的流沙、居延海。最后又折回到临洮，在临洮县城东岳麓山（又称东山）去世。

他一路主要活动是：讲经论道、授学布道、寻访圣迹、探索根脉、解民疾苦、游览景观等等。

下文将结合老子行踪分别予以说明。

（二）正史一则

南朝范晔《后汉书·苏杨郎襄列传》载：东汉延喜七年（164 年）襄楷上书汉桓帝云："或言老子西入夷狄为浮屠。"①

在《史记》之后，记述老子行踪，正史仅此一则，难能可贵。襄楷"博古"又是给皇帝上书，是不会轻率妄言的。这则记载具有重要的史料价值。他是在司马迁

---

①范晔. 后汉书：卷三十. 北京：中华书局，1999：727.

云老子西出后，"莫知其所终"的背景下，用"或言"二字记载了东汉时期的民间两个传言。一个民间传说表明老子西入的是"夷狄"地区，这是难能可贵之处；另一个民间传说是佛道之争的反映，襄楷也客观地原原本本地报告给了君主。

1. "夷狄"之地指何处

上文引范晔述及老子"西入夷狄"。那么，"夷狄"究竟指何地？

关于"夷狄"，战国时，公羊寿和胡毋生合撰的《公羊传》有云："春秋内诸夏而外夷狄。"[①] 它既是泛称，又是实指。泛称者，春秋时期居住在边境地区，除华夏以外的所有民族。实指者，古有"东夷西戎，北狄南蛮"之说。或简称"四夷"。大抵居于西北的称"戎""西戎""戎狄"，或称"夷狄"，是指西周、春秋时期单独存在于西北的古代民族、部落群体，分布极广，名称繁多。

清王国维著《秦都邑考》云："秦人祖先，起源于戎狄。"[②] 有关史料称，春秋时期华夏族的各诸侯国也是一直视秦国为戎狄。公元前 688 年，秦武公所灭居于渭

①公羊寿，胡毋生. 公羊传//陈连开. 中华民族研究初探. 北京：知识出版社，1994：12.

②王国维. 观堂林集. 北京：中华书局，1959：529.

河中上游的邽、冀二戎亦即夷狄地区。前述秦穆公伐戎狄，益国二十，开地千里，即为戎狄地区。以后战国时期秦献公"征西戎，灭狄部族，始设獂道狄道"①，（狄道即今临洮）此亦属夷狄地区。

总之，春秋时期西北夷狄所居住地区在渭河上游、洮河中下游、湟水一带以及黄河以西广大地区，即诸侯国——秦及其以西地区。也可以说，老子"西入夷狄"，即入今甘肃为主的多民族杂居区和少数民族地区。而正是这一带，留下了老子诸多隐迹。

2. 所谓"浮屠"

上文引范晔述及老子"为浮屠"。

何谓"浮屠"？佛教名词，梵文音译，即坐化成佛，也有称佛教徒、佛经或佛塔为浮屠的。

东汉至两晋时期，盛传老子西去，到了西域，化为"浮屠"，用以证明佛教出于道教。这是佛教传入中国后，华夏本土滋生的宗教—道教，与外来的佛教发生矛盾的反映。影响甚大，佛道二教为争夺信徒，曾发生了激烈的论辩，这种争论一直延续了一千多年。道教编出了种种神异的传说，老子的形象也被神化。东晋道教学者葛

---

① 刘光华. 甘肃通史·先秦卷：第五章. 兰州：甘肃人民出版社，2009：301.

洪在《抱朴子·杂应篇》中描绘的老君形象最有神仙味道：身长九尺，皮肤黄色，鸟嘴，高鼻，眉毛有五寸长，耳朵也有七寸，脚上有八卦图形，居住在金楼玉堂中，台阶也是用白银砌成，头戴重叠高耸的冠帽，身服五彩云衣，身佩锋利的宝剑，左有十二青龙，右有二十六白虎，前有二十四朱雀，后有七十二玄武，头上方还有耀眼的雷电笼罩，威风凛凛，俨然一与佛祖抗衡的道教教主。① 在论辩中，和尚说如来是老子之师；道士说老子是如来之师。争论曾惊动中国的五朝皇帝（魏孝文帝、唐高宗、唐中宗、武则天、元世祖），这五位皇帝都曾召集学者朝议，亲自裁决，都无法解决问题。从一千多年的争论来看，双方都肯定两人之间有师徒关系，分歧只在何者为师？何者为徒？把不同思想体系的两个精神领袖的关系，说成是师徒关系，显然是不切实际的。

东晋道士王浮在老子化胡传说的基础上，写成《老子化胡经》，说老子西行，在西方教化胡人。称老子出关投胎天竺维卫国夫人净妙口中，即是释迦牟尼。说什么释迦牟尼是老子的化身②，这显然是虚妄的传说，极为荒诞。这种说法，毫无史学价值。

---

①葛洪. 抱朴子. 上海：上海古籍出版社，1990：116.

②肖子显. 南齐书：卷五十四. 北京：中华书局，1999：633.

这种基于佛道二教为争取信众、扩张势力而肆意编造的虚妄无稽之谈，自然不足征信。在人类文明的历史进程中，注定不会有市场，难逃自生自灭的命运。

这一说法作为道教中的言论肯定还将存在下去，以讹传讹影响至深。时至当代，老子去了西域，去了印度，去了地中海的言论不时"沉渣泛起"，称老子在上述地域创"浮屠道"，建"浮屠邦"。实堪忧矣。

（三）逆渭水行迹

1. 天水留踪

天水是公元前688年秦武公灭邽戎之地，设置的邽县，成为中国历史上见于史载最早的两个县之一。

前已述及渭水支流有"伯阳水""伯阳川""伯阳谷"等称谓，此即老子入天水之行踪。

清光绪年间撰《秦州直隶州新志》有老子过羲皇故里的记载。其地域篇说："渭水北，柏林山上，有柏林观，旁多古柏，中祠老子。又有讲经台。山后十余里有尹道寺，传为关令尹喜故里。又有教化沟，牛涧里。"①

今天水麦积区有个伯阳镇，正是《天水史志》所载北魏所置伯阳县地。老子在刑马山之阳设坛讲学，是老

①秦州直隶新志//光绪志：卷十二. 北京：古籍出版社.

子行踪所至。我们去考察过,那里所有企事业单位均以"伯阳"冠名,如"伯阳镇一小""伯阳大药店"等,表明此地百姓从古至今仍纪念着老子。

天水素有"羲皇故里"的美名。市北的画卦山画卦台,相传即为华夏人文初祖的遗迹。天水还有不少伏羲和女娲的传说故事。曾作守藏室史的老子在今天水"寻访圣迹",祭拜伏羲,凭吊女娲,考察伏羲女娲有关传说,也是情理之中。

2. 清水遗迹

今清水县,前述古邽县之地,亦为戎所居。

民国《天水县志·建置志》载:柏林"山后十余里有尹道寺,传为关令尹喜故里。又有教化沟、牛涧里。郦道元所谓李耳西入,山谷播其名者也。"① 此述尹道寺、教化沟、牛涧里,即今清水县属。尹道寺村,旧建尹喜殿。尹道寺、尹道寺村之名便起自尹喜。在尹道寺附近曾先后出土各种贝币一万余枚,这种春秋以前的货币可见证尹道寺以及清水地方历史底蕴的厚重。

2009 年 6 月,我们组团外出,考察老子隐迹。沈思高、李瑞麟、郭占伟、陈为清、李景峰参与,我任团长。我们在此寻访,了解到此地的陇东乡教化沟曾有

①天水县志:卷二,兰州国民印刷局.

"尹道寺"。多年之后，作为寺庙的"尹道寺"已荒废，而尹道寺的地名却一直流传至今。我们还了解到，尹喜为老子在此设坛论道，当地还流传老子、尹喜在此解民忧修水渠，老子所骑青牛也死在这里等民间传说故事。

在此寻访期间，我们访问了甘肃三皇文化学会会长胡思九先生。胡老在清水县民间行医20多年，对清水有关老子的民间传说有所考究。他说："余行医于甘肃清水县陇东山，在尹道村细考其村名，为'尹道寺'！乃尹喜与老子修道之地故名。及后，在民众中深入考古。原来老子与尹喜自终南山楼观之后继续西行，过关山（陕甘交界之地，今属清水县管辖），累死青牛，遂将牛头埋于关山之麓，竟然出水入西江。人们遂将西江更名为'牛头河'至今。时老子见当地人心不古，遂于今草川乡'教化沟'教化庶民。后至'尹道寺'精修至道。一日在柏林山麻地湾山巅远望，见渭水积渊成潭、为患伤人、民不聊生，于是，老子与尹喜、徐甲（与老子随行牵牛之童）到今之柏林观结草为庵，率民众从'龙嘴'凿开一渠，名曰'下渠'，使渭水向东顺流，水患消除，当地民众得以安居乐业。人们为了纪念老子，遂将此渠名为'伯阳渠'，史迹至今犹存。"

他说："所谓'伯阳渠''伯阳车站''伯阳村''伯阳乡'等名称，皆由此来。盖'关山''牛头河'

'教化沟''柏林观''伯阳渠'等地名，实为老子由秦入陇之历史见证。"

3．渭源访圣

今渭源城，老子西来时尚无城邑，是渭水河谷地带，是夷狄獚族部落聚居区，属陇西邑之地。后秦昭襄王设立陇西郡时，属陇西郡辖地。当时尚未建县，直到公元前205年，汉代才置首阳县，西魏改称渭源县。

据渭源县志办和文联的负责人介绍，并查阅《渭源县民国县志》，该地流传不少关于老子的民间故事。

传说老子一行溯渭水西行到今日的渭源时，见河东南有座山头峰峦奇秀，林木苍郁，便攀上山腰。山腰既有天然岩洞，又有清泉流水，老子就住了下来，逐步开始了讲经传道、寻访圣迹的活动。老子离开后，人们就将此山叫老君山，将岩洞叫老君洞，将山泉叫龙眼泉。此泉位于半山间，泉水天涝不增、天旱不减，清冽沁脾，可解热毒，自老子在此生活饮用后，当地百姓将泉水的功用传为神话。唐宋时期在龙眼泉上修建了老君殿、青牛观，使老君山成了殿阁宏伟、苍松掩映的文化风景区。传说农历五月初五，是老子一行到此山的日子，现在当地每年都举办庙会纪念老子。

据传说，在此地老子游访了天下神奇的鸟鼠山，或称鸟鼠同穴山。《山海经·西山经》《尚书·禹贡》等均记载了这一神奇现象。① 因为在这里有一种被当地人称为"渐渐高"、像沙鸡那样大小的鸟，和一种被当地人称为"小黄鼠"的短尾老鼠，同栖于一些深不过一米左右的土穴之中，即谓鸟鼠"穿地而处，各自生育，不相侵害"的景观。这里山势险峻，风景秀丽，植被良好。"鸟鼠同穴"位于西秦岭余脉与黄土高原交汇地带，是渭河上游与洮河支流的分水岭。在这里，还留有大禹治水的圣迹。《史记·夏本纪》载：大禹"导渭自鸟鼠同穴"。② 这是渭河的发源地。因为大禹导渭立下丰功，故渭河亦称"禹河"。在鸟鼠山南，自周朝起就建有"禹王庙"，成为祭大禹的圣地。老子在渭源，不仅游访了鸟鼠同穴的奇迹，更瞻仰了大禹导渭的圣迹。

在渭源有商末周初伯夷叔齐隐居的首阳山，因此名扬天下。被孔子称为"古之贤人"的伯夷叔齐是商朝末年孤竹国（在今河北省卢龙县西）国君的长子和三子。生卒年月无考。从《诗经》起就有记载。司马迁在《史记》中记有《伯夷列传》，作为列传之首篇。夷齐以相互让国之仁义，鄙视暴力之慈怀，耻食周粟之气

①吴镇. 鸟鼠同穴辨，雒玉麟. 大禹导渭自鸟鼠同穴山//渭源县志. 兰州：兰州大学出版社，1998：812－818.

②司马迁. 老庄申韩列传//史记：卷六十三. 北京：中华书局，1959：45.

节，以身殉道之行为，赢得了世人们极高的赞誉，称他们为"百世之师"。历代诗人都有赞美的佳作传世。他俩靠采首阳山中的采薇菜度日，不久饿死在首阳山中。山中有二仙洞，是他们弟兄的栖息之地，西侧不远处则是夷齐双双合葬的墓地。老子博学，自然知道夷齐的事迹，相传他曾多次去到首阳山考察、访问、参拜、凭吊夷齐墓地。夷齐所代表的舍生取义的民族精神，从古到今得到发扬，在首阳山有拜谒先贤的民俗活动。2011年，首阳山伯夷叔齐祭祀，被甘肃省人民政府公布为省级非物质文化遗产名录项目。

在渭源还有"老子首建卧桥"的故事。老子在古渭源，见渭水湍急，阻断交通，乡民深受其苦。为造福百姓，他聚集乡民，给他们传授伐木冶铁技术，按青牛背的样子，在渭河上架起了一座木桥，这是最早的"渭水卧桥"。

4. 临洮驻足

①临洮沿革

今临洮，属《禹贡》九州之一的雍州。早在炎黄之世就开发过临洮。临洮是伏羲氏后裔的食邑地，或称古陇西邑，即今临洮县所在的洮河下游之地。晚至秦献公于公元前384年灭西戎部族狄，方建立狄道县，为临洮建县之始。秦昭襄王二十七年（前280年）设立陇西郡时，辖区为今天水、兰州至临夏一带，郡治就在狄道。

许多古文献所指的陇西，即狄道，今临洮。狄道县名也一直沿用到 1929 年的民国时期才改为临洮县。但老子来到的临洮之地，系秦国的西垂，还没有正式建置的地名，只是"狄人出没"的狄道，世称"古狄道"，大体包括今临洮、会川、康乐以及周边地区，系古民族杂居区，或称"夷狄"区。

唐朝《李敬实墓志铭》载："其先陇西（即今临洮，笔者注）人也。昔伏羲之佐赫胥氏征西戎，分封其裔，食于陇西，子孙家焉，代称令族。"在治理陇西邑时，"民居不知所为，行不知所之，含哺而嬉，鼓腹而游"。在春秋时，古陇西邑遗风犹存，"上含淳德以遇其下，下怀忠信以事其上，一国之政犹一身之治，不知所以治，此真圣之治也"①。老子在此探寻根脉，这种景况和老子"无为而治"的政治主张多么一致啊！

这一方土地历史悠久，地灵人杰。南有白雪皑皑的白石山；北有终年云雾缭绕的马衔山；西有卧龙洮滨，峰坪水映；东峙岳麓，翠峦掩城。千年不息的洮河，源远流长，水量充沛。从县境南向北流程 115 公里，奔泻古狄道城西，纵贯全境，汇入黄河。考古发现，这条神

①周绍良. 唐代墓志汇编续集. 上海：上海古籍出版社，2001：286.

奇的远古洮河，历史底蕴深厚，洮河两岸先民们创造出
了灿烂夺目、享誉世界的马家窑文化、辛店文化和寺洼
文化，是五千年前中华文明的发祥地之一。春秋时期，
农耕与游牧在此汇聚、融合，这正符合老子所倡"道法
自然"，确为理想隐居之地。

②由渭入临

老子是从今渭源，过关山，顺陇水（民间称东峪
河）至于今临洮的。

据《隋书·炀帝本纪》载，隋炀帝杨广于大业五年
（公元609年）为经营西域，决定西巡河西。三月，杨
广率领朝臣、后妃及将士近40万人从长安出发。四月
到达今渭源，大猎于鸟鼠山，登秦长城，在去今临洮过
关山途中，发思古之情，写下了《临渭源诗》。其中有
"长林啸白兽，云径想青牛"句①。"云径"指渭源城北
高入云天、森林绵长，盘绕于关山南北的官道。关山，
《水经注》称高城岭，西南连接鸟鼠山，形势险峻，古
设关门。"青牛"是对老子喻称。这句诗，前联描写渭
源、临洮交界处的关山官道的艰险和神奇，后联想到当
年老子西游，骑青牛踏破关山云雾过此险关的情景。这
正表明了老子过关山来临洮的行踪。

---

①徐化民. 渭源史话. 兰州：甘肃文化出版社，2006：262.

老子来临洮途中，在陇水岸边，还留下了"老子坪赠杖"的故事。据传老子过关山，出关门，行约百里，在前往古狄道（今临洮）途中过一村庄，天色已晚。只见天空乌云密布、电闪雷鸣，他知道远处正在下暴雨，洪水很快会顺着这条河到来。路边有一位放羊老人正赶着吃草的羊群。老子急切地对老人说："这里要发洪水了，快把你的羊群赶到高处去!"老人半信半疑，但还是把羊群赶到了高地上。时间不长，果然滔滔的洪水夹杂着树根、石块和泥沙从幽谷深处滚滚而来，刚才羊群吃草的地方很快成了一片汪洋，洪水像脱缰的野马冲向不远处的东峪河。见此情景，放羊老人感激不尽，邀请老子去他家用餐过夜。第二天，老子临行前过意不去，但又没有什么物件答谢，只好将所使拐杖送与主人作为留念。后来，老子在狄道居住多年，给百姓干了许多好事，名气很大，老子救羊群之事也广为流传，人们便把老子留宿的那个村庄叫老子坪。

③临洮隐迹

老子在临洮居住时间不短，在临洮有许许多多的隐迹和民间传说故事。

老子挥笔点太极

在古狄道城东，矗立着秀美的岳麓山，俗称东山，是老子讲经论道，授学布道的地方。站在岳麓山上向北望去，在距城约五公里的洮河西岸有一座山，在早晨的阳光下，山的阴影呈现出一个圆形的太极图，而到下午，山的阴影又呈现出一个反方向的太极图。民间传说是老子在岳麓山讲经时所画。传说那时的人们时辰观念不强。老子每天早上在岳麓山给弟子们讲学，可是大家不掌握时间，总是不能按时前来听讲。他发现城北对面的那座山与众山不同，早晨一片光明，傍晚全是阴影，便对弟子们说：我在对面那座山上点画一个太极图，让你们掌握时间吧！于是，他站在山腰讲学的地方，对着北方点画了几笔，对面那座山从此便在早晚太阳的照耀下，明暗换位，呈现出一个半明半暗的太极图来，人们便将此山称为"太极山"。后来在老子插笔的地方建了一座"笔峰塔"，在老子住过的地方建了老子庙。此地名称早已载入临洮的方志中。显然，凭一人之微举改变山形景象是不可能的。这个故事在临洮历代民间口碑相传，其中可见老子授学布道之一斑外，也包含着怀念和颂扬老子的真挚感情，这是可以理解的。

老子寓教于乐，开发智力

在临洮及周边县区的民众中，特别是青少年中都会玩"围茅坑（即厕所）""下四码""走方"的智力游戏。临洮人说,这是老子想出来的开发弟子智力的娱乐游戏,这个说法与老子的教育观完全吻合。"围茅坑"的棋形是四个等腰三角形、中间一个正方形,即"茅坑",讲明一方两子(两军)将另一方的一子(一军)围堵在某一角,就被"吃掉",即就得"蹲茅坑",谁先吃掉两子为赢。至于"下四码""走方"的玩法比"围茅坑"复杂些,本文不多叙述。这些游戏含有以少胜多、以弱胜强的思想,含有兵家之术和军事原则,具有很强的开发智力作用,是老子"人之所以教,亦我之所以教人"理论的具体反映。宋代李昉《太平御览》载:"老子入戎,造樗蒲。樗蒲,五木也。"① 樗蒲具体戏法今已失传。但可以看出,老子行"善教",即"行不言之教"的轨迹。他西入夷狄,不仅设计出了樗蒲,又设计出了"围茅坑""下四码""走方"等多种智力游戏,具体实践了他的教育思想。这种智力游戏,由于能就地取材,随处可玩,简单易学,老少皆宜,因此流传很快也很广,成为道旁树下、草坪地头、观外房前、河畔渠间,古临洮大众休闲娱乐的通俗玩意。

---

①李昉. 太平御览:卷二. 北京:中华书局,1960:3.

老子教气功，练丹田

老子继承并精通黄帝气功功法形成黄老之术，古籍有载。他在古狄道练功达到了"数月辟谷"的境界，传为佳话。明万历《临洮府志》记有曾任工部员外郎、先后任楚雄和南康两地知府的临洮人李弼《超然台》诗。诗中有两句写道："此台曾以凤凰名，至今凤去台益旷。老君曾此炼金丹，遁老于斯排仙杖。"诗中前句言及"凤台"，请容后论。后句说明当年老君（即老子）确实在古狄道为归隐老者教练内丹。"炼金丹"并不是用八卦炉炼仙丹妙药。老子生活的时代，尚无炼丹术，炼丹术是魏晋时期才出现的。此处所言"炼金丹"，是道家所说的修炼内功，即以气功保丹田之气，使人健康长寿。"遁老"，即佚老，指崇敬老子、隐居不仕、不知姓名的高人名士。诗中一个"排"字，意指参加健身运动的遁老之多。这几句诗表明，距今两千五百多年前，狄道文化发达，归隐的老人很多，他们在凤台上，将自己挂的"仙杖"排列起来，跟着老子学习气功，练丹田，以求健康长寿。从老子教气功的活动可以看出他在狄道的日常生活情景。老子不仅有尹喜陪同，又有许多崇尚道学的文人墨客一起谈古说今、评学论道，结交了不少朋友，收了不少弟子，生活充满乐趣。

老子关心民众疾苦，采药治病

据传说，老子在狄道看到不少人有病不治，酿成大病，甚至丧命，便不辞辛苦访问民间医人，搜集验方。为了采药，他跋山涉水，跑遍四乡，尝百草，选药物，反复实践，开创道医学，用以防病治病。老人们流传老子用当地青稞酒、虎骨、鹿血、甘草、黄芪、党参泡制药酒，滋阴、壮阳、补肾；用当地中铺镇的麻黄、卧龙的透骨草、岳麓山的艾叶和鸡蛋清治跌打损伤和关节痛；用洮河湿地生长的"毛蜡柱"——中药蒲黄止血和治外伤；用红糖水煮梨，加蜂蜜治伤风咳嗽；用艾条针灸、按摩治小儿疾病等等。现在乡村医人，多用这些偏方救治常见病，疗效显著。临洮民众对老子关心民间疾苦，采药治病的事迹至今还在传颂！

老子在临洮，不仅有上述民间传说故事，我们还搜集到《老子观洮河流珠》《老子赞彩陶》《老子访禹迹》《老子三过卧龙寺》《老子月下斥虎》《老子与曲子寺》等诸多故事，可见老子在临洮活动地域之广，活动时间之长，接触人事之多。临洮可称老子第二故乡！

八、老子为什么要去流沙

西汉刘向《列仙传》中记：尹喜"与老子俱之流沙之西，服巨胜实（即胡麻子，笔者注），莫知所终"①。更有陕西昭陵博物馆藏《大唐故临川郡长公主墓志铭》称："真人（即老子，笔者注）播迹于流沙。"②（《甘肃金石录》对此亦有"真人播迹流沙"的记载）是为老子寻访过流沙之确证。

（一）流沙在何处

"流沙"，古代泛指我国西北的沙漠地区。《元和郡县图志》说："流沙即居延泽也。"③《史记·五帝本纪》

---

① 刘向. 列仙传. 上海：上海古籍出版社，1990：3.

② 周绍良. 唐代墓志汇编续集. 上海：上海古籍出版社，2001：260 – 261.

③ 李吉甫. 元和郡县图志：卷四十，北京：中华书局，1983：1025.

载：颛顼高阳氏治世时，曾"西至于流沙"①。《史记·夏本纪》记：大禹"导弱水至于合黎，余波入于流沙"②。据史称合黎应是合黎山，与毗邻龙首山合称北山，与南山的祁连山相对。弱水，古水名，上源指今甘肃山丹河，下游即山丹河与甘州河合流后的黑河，是我国第二大内陆河，最后流入居延海。流沙，《汉书·地理志》载："在张掖居延县"，③唐代《括地志》载："居延海南，甘州张掖县东北千六十四里是。"④居延，今属内蒙古额济纳旗。

春秋时，流沙中有两个居延海，或称两个居延泽。因匈奴族居延部落曾在此居住而得名。居延海是匈奴语"天地之海"的意思。海之源为弱水南北两山雪水，因气候的原因，蒸发量大，故居延海永注不满，且海中及周围有绿洲，故人以为奇。

据此，"流沙"和"流沙之西"，大体指甘肃河西走廊的张掖、高台、酒泉以及其西北一带。

---

①司马迁. 老庄申韩列传//史记：卷六十三. 北京：中华书局，1959：26.

②司马迁. 老庄申韩列传//史记：卷六十三. 北京：中华书局，1959：44.

③班固. 汉书：卷廿八. 北京：世界书局影印.

④李泰. 括地志. 北京：商务印书馆.

在河西走廊，大禹、老子遗迹甚多。

《甘州府志》记甘州十二胜景中有"合黎禹迹"①，记载大禹导弱水出合离山。

民国时期修撰，共和国成立后出版，余炳之主编的《新修张掖县志·地理志》载："张掖在洪水时代，完全为一大湖，弱水泛滥其中，各水、泉水悉固注之，无所谓大陆也。禹导弱水至于合黎，居民始有耕地。"②

《新修张掖县志·古迹》更记载：张掖"城东50里东山寺，古刹也，其后崇山峻岭。初入谷口。峰峦秀美，涧谷萦回。每日初上，掩映烟雾，望若蓬瀛。相传老子曾在山巅结庐修炼"。③ 因之"张掖八景"和"甘州八景"中都有"东山烟雾""流沙仙踪"两处名胜。

此外可作旁证者多多，未遑细录。

（二）老子西去流沙干什么

老子西去流沙"意在访圣"。对此学者们基本上具

①张掖史记读本：历史分册．兰州：兰州大学出版社，1997：113．

②张掖民间传说故事．兰州：甘肃文化出版社，2002：8－12．

③张掖民间传说故事．兰州：甘肃文化出版社，2002：8－12．

有共识。

前已述及在流沙有颛顼胜迹，也有大禹胜迹。老子去流沙是会访问这些胜迹的。

有人说，老子西去流沙是为了寻找"华胥之国"。据传说①华胥是伏羲的母亲。华胥之国应是人类母系部族组织形式，它是国家的雏形。作为当世大学者老子必然研究过"华胥之国"神话传说，它虽早已不复存在，但历史遗迹或许没有完全湮没，它的文化也许会有后世传承。老子主要奔这个目的去流沙也是大有可能的。

《列子·黄帝》篇载，黄帝夜梦在今瓜洲弱水地界有个"华胥之国"。"其国无帅长，自然而已；其民无嗜欲，自然而已，不知乐生，不知恶死，故无夭殇；不知亲己，不知疏物，故无爱憎；不知背逆，不知向顺，故无利害。都无所爱惜，都无所畏忌。入水不溺，入火不热，斫挞无伤痛，指擿无痟痒。乘空如履实，寝虚若处床……神行而已。"②《列子·黄帝》描述的是神话，但透过神话包装的合理内核还是很明确的：其国人不但一切皆持自然状态，且大智大慧，能克服一切自然灾害，健康长寿，生活得很自在。这样的国度族群不正是

---

①《辞海·第六版》第 771 页：司马贞《补史记·三皇本纪》记。

②列御寇. 列子集释. 北京：中华书局，1979：41.

老子梦寐以求的"道法自然"的"理想国"吗？

　　老子是否达到"访圣"的主要目的，我们无从知道。但他的"无为之治""小国寡民"的治国理想却在华胥国见到了它的影子。黄帝所向往的华胥国与老子的"小国寡民"设想，都是黄老学派心中追求的"理想国"。老子崇尚游牧之无拘无束，亦喜"小国寡民"之淳朴，西去流沙欲寻华胥国所在地"访圣"考察，也不妨看成是老子救世济民的理想追求的一次具体实践。

　　还有人说，老子西去流沙是为了去昆仑山拜见西王母。西王母的故事不是神话。西王母最早的形象为半兽半人，是因衣着兽皮。现今考古研究发现，实际上正是母系氏族社会时代，一个游牧部落的女酋长。西王母的故事，多数人有知晓。老子作为守藏室史应该读过《穆天子传》，知道西周第五代君主穆王姬满会见西王母的故事，对周穆王是崇拜的。他去流沙是想沿着周穆王路线去寻找西王母，此论亦可成立，也是"意在访圣"之列。

（三）老子西去流沙后又到了哪里

　　西汉刘向在《列仙传》中说：老子见"……周室

德衰，乃乘青牛车去，入大秦"①。这"入大秦"显然
是神话。"大秦"究竟指何地？我们必须认真辨析。

我们知道，"大秦"本是汉代人对罗马帝国的称呼。
在老子时代包括罗马、雅典、波斯等地。四川大学教
授、博士生导师张松辉在《老子研究》一书中指出：
"《史记·大宛列传》提到罗马帝国，但不叫'大秦'
而叫'黎轩'。《史记索隐》说：《汉书》作'黎轩'，
《续汉书》一名'大秦'。可见'大秦'这一名词出现
较晚。东汉时，和帝永元九年，西域都护班超派其属官
甘英出使大秦，中途遇海而还。东汉以朝廷之力，去大
秦尚且困难重重，更何况春秋时的老子。老子是垂暮老
人，坐的是老牛破车，吃的是胡麻子，如何到得大秦？
即使到了，信息又是如何传回来的？"② 这一说法是合乎
情理的。

因此，当今学术界不少人以为这《列仙传》所说的
"入大秦"应是指"入地域广大，势力强大的秦国"，
这才与史籍相符。我们赞成这一说法。

刘向没有说老子最后去了哪里，也没有说老子逝于
哪里，只是他本人"莫知所终"。其实，老子若要去西

---

①刘向. 列仙传. 上海：上海古籍出版社，1990：3.
②张松辉. 老子研究. 北京：人民出版社，2006：63.

域，去罗马帝国，面对的是塔克拉玛干大沙漠。塔克拉玛干大沙漠位于我国塔里木盆地中部，总面积约 30 万平方公里，海拔最高达 1500 米，是我国境内最大的沙漠，也是全世界第十大沙漠，干旱少水，昼夜温差极大，沙丘流动，变幻莫测。以当时的交通条件，以及上述自身条件下，他与尹喜是无法越过的。他没有逝于流沙，只有回头仍来到他居住多年，有众多友人的理想之地——陇西邑养老终身，这是合乎情理的，也是符合在今临洮两千多年来一直流传的老子去访西王母受阻于流沙而返回临洮的民间故事。

九、《庄子》记为老子治丧事

（一）庄子身世

庄子（约前369—约前286年），战国时哲学家，先秦道家学派第二号人物。名周，宋国蒙（今河南商丘东北）人，家贫，做过宋国地方的漆园吏。其代表作《庄子》，亦称《南华经》，文章汪洋恣肆，想象丰富，在哲学、文学上都有较高的研究价值。

（二）老子与庄子

庄子的思想源于老子，因此老子与庄子也被世人合称"老庄"。关于"道"的理论"老庄"观点基本是一致的。《老子》言简意赅，饱含哲理；《庄子》洋洋洒洒，气势恢宏，富有故事寓言性。二者的表述方式虽有不同，但内容都充满了智慧和辩证法。

庄子发展了老子的天道自然思想，认为天是没有人

为意志的。万物的化生，四季的变化，只是天道自然运行的结果。

庄子发展了老子的生死观。老庄强调的是轻生死、重大道。生死乃自然法则。

有人说《庄子》一书多为寓言，此说不够确切。其实庄子除了使用寓言之外，还重视引用历史上的真实故事来佐证自己的观点。所以距离老子所在年代较近的庄子所记的老子之逝，可能是基本符合历史事实的。对于考察老子隐迹，是有重要价值的。

（三）庄子的生死观

庄子在著作中，对生死问题谈得较多。

庄子认为，生与死就其本质来说是生命过程中的两个节点。一个是起点，一个是终点，自然而生，自然而死，都是很正常的现象，应该一样看待，无须悦生恶死。对死亡怀有恐惧心理是大可不必的。

庄子认为，事物一面生一面死，生死一体。生和死的过程是"气"的聚散过程，气聚为生，气散为死。由此，人的死亡不是一件悲哀的事情，应该歌咏其回归于"无"。

有生必有死，有死必有生，是庄子"生死一观"的真正含义，蕴含着生死交替变化的辩证法。新陈代谢是亘古不变的自然规律，谁也不可抗拒。庄子表现出了前所未有的达观态度，当其妻死后，他不但不哭，还鼓盆而歌。由于他的影响，门徒们在治丧时都歌而不哭，试图改变当时的丧藏习俗。

庄子告诉人们死后什么都无须置办，物我两忘，死生双遣，一切顺其自然。最好的境界是以天地为棺椁，以日月为缀饰，以万物为赍送，无须他置，哀哭厚葬皆是多余之事。

上述庄子"生死一观"，从总体上反映了《庄子》载"老聃死"一则。

（四）《庄子·养生主》载"老聃死"一则

"老聃死，秦失吊之，三号而出。……"①

1. 这则文献，对考察老子隐迹十分重要

第一，在现有史料中正面明确记载老子的确是死了，并不是宗教迷信所传"老子飞升成仙"了，"老子化胡"了，仅此一则，即难能可贵！

第二，老子死于何地？按照庄子生死观，庄子是不会说明的。这则寓言，设计"秦失吊之"这个"秦"

---

①郭庆藩. 庄子集释：卷二（上）. 北京：中华书局，1961：127.

字，似可推测是暗指老子逝地？本书上文考述老子逝于
"夷狄"之区的秦地古狄道，似乎一致。此属推论，有
待多方考证。作为老子逝地的旁证，也是难能可贵的。

第三，这则寓言记载"秦失吊之，三号而出……"
老子的葬礼简单，丧事朴素。极典型地反映了老子的生
死观，更是难能可贵的。

2. 这则文献记载，老子之逝，不仅弟子吊唁，邻
里好友皆来吊唁

"老者哭之，如哭其子；少者哭之，如哭其母。"念
老子顺民之生，随民之情，与世无争，柔慈待人的大德
大恩，皆悲不胜，可见老子生前即受到古狄道居民的爱
戴。但是，这些乡邻们不懂得老子所说"生亦不喜，死
亦不悲"的道理。

不言而喻，老子生前所交隐者前来吊唁者亦不少。
庄子选取了秦失这个典型来进一步记述葬礼的情况。秦
失者，《庄子》注云，系老子好友，可想亦为秦地隐者。
庄子采用秦失与弟子问答对话的形式说明了"秦失吊
之，三号而出"的原因。秦失是位具有道学观念的人，
在答辩中指出"三号而出"是合自然之理的。

老子举足而应时，动止而合道。既是老子的好友，
就要遵其言而动，顺其道而行。老子认为生死乃自然法
则，道家强调的就是轻生死、重大道。这个葬礼，以

"三号"为大礼，如此简朴是必然的。庄子在本则中最后评道："……老君为大道之祖，为天地万物之宗，岂有生死哉!"① 由此联想到，我们在临洮多方寻访老子墓迹，尚无结果。似可设想，在道家观念指导下，狄道志同道合的友人们对老子之逝不立坟头，不刻墓铭，也是在情理之中的。

---

①郭庆藩. 庄子集释：卷二（上）. 北京：中华书局，1961：127.

十、《水经注》与老子隐迹

（一）郦氏身世

据《北史·郦道元传》介绍，郦道元（约466—527年），字善长，北魏范阳（今河北涿县）人。北魏地理学家、散文家。

官御史中尉，执法严峻，以严酷免官。后为关右大使。雍州刺史萧宝寅反，郦道元于赴任途中为肖宝寅所杀。

郦道元自幼好学，历览奇书，博闻强记，文笔深峭。在各地留心考索水道变迁和城邑兴废等地理现象，其撰写的《水经注》，为有文学价值之地理巨著。

《魏书》《北史》都记载，郦道元父名郦范，祖名郦嵩。祖父曾任“天水太守”。看来郦道元祖孙三代对天水至宝鸡山川地势并不陌生。其父郦范指出在渭水天水宝鸡间有一东西相通的小道，谓之“渭水陈仓道”。

据此，我们专程寻找考察过。今陕甘交界的渭河峡谷，丛山壁立。古代南北两岸确有小道通行，是由陈仓（今宝鸡市）至天水的唯一通道。老子西出，必经此道。这为我们论述老子如何西去指明了方向，为考察老子西出隐迹打开了局面。

（二）古史地名著——《水经注》

史学家吴泽为王国维《水经注校》所写"前言"记载：

"《水经注》是一部以河流系统为纲而写就的古代历史地理名著，系郦道元在公元六世纪初期为桑钦所撰的《水经》作注的一部著作。

"据载桑钦所写的经文，仅记载了我国水道137条，内容比较简单，而郦道元所写的注文，记载的水道却有1252条。大至江河，小至溪津陂泽，皆在包罗之列。

"在内容上，不仅叙述了水流的发源和流向，使水道清晰可辨，还兼及流经地区的山岳、丘陵、陂泽的地望、重要的关塞隘障、郡县乡亭聚的地址及故墟和有关的历史遗迹。

"对于每一条水道都多方印证，力求核实它的方位和流域，使条条河流和地区都能脉络清楚，区划分明。

"故《水经注》在资料方面包含了丰富的内容，是

研究历史地理、水利沿革和中国古代历史的一部重要的资料书。"①

（三）《水经注》是考察老子隐迹的"重要资料"

历史研究，考述老子隐迹关键是根据已有资料，采取科学态度，严谨治学。整个论证要以正史为轴，多元佐证，逻辑推断，存疑存异，资料愈丰富就会愈有说服力。

由专家指点推荐，我们学习了梁启超《中国历史研究法》、傅斯年《史料论略及其它》、陈寅恪《王静安先生遗书序》。上述学界前辈们对如何发掘史料、鉴别史料和驾驭史料均有深入阐述，都十分强调历史研究搜集史料之重要性。这对我们考述老子隐迹起到了指导作用。

综观前文，不少篇章多引用《水经注》论证作结，因此，《水经注》是考察老子隐迹这一课题不可或缺的重要资料。

（四）《水经注》版本校订

很可惜，郦道元《水经注》40 卷原书在宋代已有

---

① 吴泽. 水经注校. 上海：上海人民出版社，1984：1 - 16.

散佚，明清辑佚校注本多达数十种之多，以哪一种最佳？

近百年来，专家学者们认为对《水经注》校订用力最多、贡献最大者，先后有三人：王国维、胡适、陈桥驿。

王国维研究《水经注》历时 10 多年，惜其英年早逝，仅留下三部手稿。

胡适大半生致力于《水经注》的研究，写有《胡适手稿》，未正式出版，且后来带去了台湾。

陈桥驿（1923—2015 年），浙江大学终身教授，家学深厚，学贯中西，我国著名历史地理学家，在海内外有崇高声望。毕生（93 岁）致力于《水经注》不同版本的搜集整理和研究。他搜集的《水经注》不同版本多达 33 种，整理研究出版《水经注》著作 10 种，共 700 余万字。王国维、胡适二氏之郦学研究成果，已为陈氏所继承而后来居上，因此被誉为当代"郦学权威""郦学泰斗"。

（五）《水经注》嘉版记老子隐迹

迄今为止，最接近郦道元《水经注》文本原著者，

当数陈桥驿著《水经注校证》①。

这部"校证"记录了郦道元在《水经注》（卷十七·渭水）中考察老子行踪的内容，真是难能可贵。

郦道元写道，"《山海经》曰：泾谷之山，泾水出焉，东南流注于渭是也。

"渭水又东，伯阳谷水入焉，水出刑马之山伯阳谷，北流，白水出东南白水溪，西北注伯阳水。

"伯阳水又西北历谷，引控群流，北注渭水。渭水又东历大利，又东南流，苗谷水注之，水南出刑马山，北历平作，西北径苗谷，屈而东径伯阳城南，渭之伯阳川。"

纵观上述引文，郦道元关于渭水的内容，多记有伯阳谷、伯阳水、伯阳川、伯阳城，如此众多的地名以老子名命名，实为老子隐迹之有力坚证。

接着，郦道元下了断语："盖李耳西入，往迳所由，故山原畎谷，往往播其名焉。"

---

①陈桥驿. 水经注校证. 北京：中华书局，2020.

十一、其他旁证

（一）兰州"老子文化国际论坛"与老子隐迹

1. 论坛盛况

2006 年 11 月 20 日至 22 日，由中华民族文化促进会发起，并与政协甘肃省委员会共同主办的"首届老子文化国际论坛"在甘肃省兰州市隆重举行。

论坛得到了中共甘肃省委、甘肃省人民政府的直接关怀，得到了中国社会科学院、兰州大学等学术单位的鼎力合作。有来自中国大陆、香港、台湾，其他如美、德、加、奥、意、韩、日等十个国家和地区的 120 余位专家学者代表、联合国教科文组织代表、高层领导和相关人士参加了这次盛会。这是一次中外学者云集，于老子终老之地，参加有史以来最为盛大的第一次专门研究老子及其哲学思想的大型国际论坛。

全国人大常委会副委员长、中华民族文化促进会名

誉主席许嘉璐和全国政协副主席罗豪才向大会发来贺信，全国政协常委、中华民族文化促进会主席高占祥，甘肃省委常委、省委宣传部部长励小捷，中国社会科学院哲学研究所所长、学部委员李景源等出席论坛开幕式。

2．论坛内容

论坛的指导思想是"老子哲学与我们"，主题是"自然·科学·和谐"，以"弘扬老子文化精神，研究老子文化资源"为宗旨。围绕老子与现代社会、老子哲学的文化价值、海外的老子研究、老子的智慧与世界和谐、老子的生态观与中国的西部大开发、老子文化的甘肃资源研究、中国传统文化及其对世界文明的贡献等议题展开了研究和讨论。

胡孚琛、卿希泰、詹石窗、熊春锦、谢卡琳（女）等部分在国内外有重要影响的专家、学者在论坛作了主题演讲。

论坛达成共识，通过了《弘扬老子文化　共创和谐世界——老子文化国际论坛兰州宣言》（以下简称《宣言》）。《宣言》声明："论坛向世界宣告，这是一次具有承前启后意义的重要会议，老子的历史地位和国际地位，得到进一步提升，是将博大精深的老子文化奉献给当今世界的盛会。"这个《宣言》还写道："我们愿意借此机会呼吁：中外学者联合起来，共同开创世界范围的弘扬老子文化的伟大事业；保护与老子有关的名胜古迹；推动老子文化研究工作的深入开展。我们愿意为老子文化超时代、超民族、超世界的生命力发扬光大而继续努力、奋斗！"

论坛闭幕后，组委会执行委主任张炳玉运用论坛资料编辑出版了《老子与当代社会》① 一书，以作纪念。

3. 论坛研讨老子在甘肃临洮隐迹

在这个庄严、影响深远的论坛上，根据论坛内容安排的"老子文化的甘肃资源研究"议题展开了甘肃临洮老子隐迹的研讨。

在会上，时任甘肃省中华民族文化促进会主席、研究员张炳玉和甘肃省社会科学界联合会副主席、研究员延涛联合发表了论文《老子在甘肃——试揭一桩千古之谜》，引起了与会者的强烈共鸣，成为社会各界和广大民众关注的焦点。

作者勾勒出了老子在甘肃隐迹时的大体行程线路，并就老子西出散关说、老子西入夷狄说、老子西游流沙说、老子寻远祖根脉说、老子临洮飞升说阐明了观点。

---

①张炳生. 老子与当代社会. 兰州：甘肃人民出版社，2008.

这篇论文挖掘出甘肃珍贵的文化资源，为甘肃、为临洮今后打造新的走向世界的品牌和名片有着不可低估的作用。

作者也指出，这个谜案，不少尚处于推理阶段，只是为下一步的深入研究奠定一个基础，求证任务极为艰巨。

研讨中，一些代表指出司马迁《史记》记载，老子西出后就"莫知所终"，老子在历史视野中消失了。这个著名论断，为学术界留下了千古谜团。目前看来，甘肃有这个便利条件和有力的因素继续探讨这个谜团，意义重大。论文所举，不论是民间传说，文献记载还是科学推断，并非空穴来风，有一定的根据。这个研究才刚刚开始，中肯地建议顺着已知线索，继续寻找更能说服学术界的证据来。

在论坛闭幕之际，不少代表来到临洮，认真实地考察了老子终老之处。学者们对老子在临洮的晚年活动和影响倍感兴趣，虽然相关的学术考证有待做得更加扎实，但对老子最终归隐临洮有了深刻印象，并给予初步认定。最后，来自不同国家、不同肤色的学者们在临洮伯阳宫前祭拜了老子，并在当年老子讲经台前齐声用汉语朗诵了《道德经》，表达了对老子无限深情。

"老子文化国际论坛"在兰州的成功举办，推动了老子研究组织的成立。地方史学专家以及爱好者们受到论坛启发，想要进一步深入挖掘、研究老子隐迹。

2007 年，临洮老子研究会应运而生了！

（二）在临洮李氏宗亲访老子隐迹

1. 临洮系陇西李氏发祥地

西北师范大学教授，硕士生导师李希平曾题词，"李氏寻根地，临洮古陇西"。

2007 年甘肃文化出版社出版有《甘肃史话》①，这是甘肃省地方史志学会会长、甘肃省政府文史研究馆研究员、著名文史专家张克复在陈寅恪《李唐氏族之推测》发表 30 年后，进一步考证的新成果。学术研究有如接力赛跑，前人的终点，就是后人的起点。该书记载了临洮是陇西李氏发祥地。今陇西，非古陇西郡。"陇西，泛指陇山以西的广大地区。""是以狄道（今临洮）为郡治的陇西郡辖地……辖地为今陇山以西甘肃的中部、宁夏南部的广大区域。""秦任命李崇为首任郡首，李崇及其子孙便居住于陇西狄道。李崇即为陇西李氏始祖。"李氏族谱记老子是李崇第九代先祖。

---

①张克复. 甘肃史话. 兰州：甘肃文化出版社，2007：137－138.

临洮有陇西李氏三处祖坟：西汉太尉、征西将军李
仲翔家族墓群，西凉武昭王李暠衣冠冢，唐左金吾卫大
将军李钦夫妇墓。

2009 年，在专家、学者审核的基础上，经定西市人
民政府终审的《临洮县志》（1986—2005 年）将"临洮
是陇西李氏祖籍地"这一词条录入该书。

2. 临洮是陇西李氏寻根祭祖圣地

李氏文化是甘肃省四大文化之一（还有敦煌文化、
天水伏羲文化、拉卜楞卡藏传佛教文化）。因此，根据
谱牒李氏宗亲、李氏专家来临洮寻根祭祖，考察访问者
逐年增多。有来自大陆多地的、有来自港澳台的，还有
来自大洋彼岸的。特别是世界李氏宗亲总会等宗亲组
织，曾多次组团来临洮寻根拜祖。在祭拜陇西房祖先的
同时祭拜李氏先祖老子。唐平西郡王李晟后裔、辽宁省
政协委员、沈阳奥特公司董事长李铮为寻根祭祖，遍访
国内，2001 年来临洮，经过考察，确认临洮为古陇西李
氏祖籍地，确认临洮超然台为老子逝世地，特敬赠大型
花岗岩老子雕像一尊，安放在超然台上，供人们凭吊瞻
仰。

李氏宗亲有考，如此频繁热烈之举为我们研究老子
在临洮的隐迹提供了旁证，特记其要。

（三）定西市非物质文化遗产名录项目——临洮公祭老子典礼

1. 民俗有祭

临洮历来敬重老子，在他住过的地方建了老子庙，有祭拜老子的传统。

东汉以后道教逐渐形成和传播，在狄道岳麓山修建起了规模宏大、金碧辉煌的道观。"三国魏文帝咸熙二年（公元 256 年）甘肃狄道（今临洮）城东北二里，东山（今岳麓山）北麓兴建道教太平观，道教从甘肃东部渐向南传。"① 那时，太平观供奉老子，无论官府民间年年祭祀。这个太平观明初被毁（遗址尚存）。因为太平观被毁，狄道百姓将祭老子与祭山神仪式一起举行，农历三月二十八（说是老子忌日，无史籍根据）成为临洮世代相传的民俗风情浓厚的岳麓山庙会。

特别是近年来临洮县每年都举办老子文化节，临洮城内万人空巷，民众纷纷参加此项活动。在节日期间隆重举行公祭老子大典，我省市县领导、周边县市领导、知名人士和群众一起参加，形成祭祀的盛典。这个公祭老子典礼，已列为定西市非物质文化遗产名录项目。

---

①杨明前，范鹏，张世海. 甘肃民族与宗教：第十一章. 兰州：甘肃人民出版社，1996：310.

2. 圣地有景

2005 年以来由群众集资，县政府主持维修了老子遗迹。崖壁下石刻《道德经》，前竖老子巨像。不远的前方是笔峰塔高耸，超然阁俯视全城。崖壁之上是老子隐迹景点老子讲经台，凤台，与道教景点飞升阁等处融为一体。远处还有老子庙、老子祭祀广场。景点错落有致，整修一新，供人们凭吊、瞻仰。有游访者题词道："老聃逝地狄道巡，遍野幽花伴圣林。道贯古今肥劲草，德泽中外壮灵根。"

近年，中共临洮县委、县政府立足把岳麓山景区打造成以老子文化为主的 AAAA 景区，这已得到国家文化旅游部的确认。岳麓山景区亭阁盘山，鸟语花香，绿树成荫，现已成为历史传统教育和爱国主义教育的基地。2016 年 10 月，全国社会科学经验交流会授予岳麓山景区"全国社会科学普及基地"称号。每年游人超百万。

临洮历年公祭老子及其终老圣地景致可见老子隐迹之一斑，实为民俗之旁证。

十二、凤台、超然台

（一）关于凤台

1. 凤台典故由来

凤台典故的文献记载始见于西汉经学家、目录学家、文学家刘向（约前77—前6年）《列仙传·萧史》中的"吹箫引凤"。

《中华道教大辞典》载："相传春秋时秦国萧史善吹箫作凤鸣，秦穆公以女弄玉妻之，并建凤楼，教弄玉吹箫，引来鸾凤。后来二人骑凤飞上天去，后人多以此典比喻求得佳偶。"① 吹箫引凤也象征美好、圆满。《辞海》记：清《一统志》载："凤台在宝鸡县东南。"《水

---

① 胡孚琛. 中华道教大辞典. 北京：中国社会科学出版社，1995：1588.

经注》载：凤台"今台倾、祠毁"①。

凤台典故出自西汉"吹箫引凤"。相传春秋时秦国有个名叫萧史的人很会吹箫，像凤凰在叫一样。于是秦穆公把名叫弄玉的女儿嫁给了他，并建了一座楼名叫"凤楼"，让女婿萧史教女儿吹箫，果真引来了凤凰。后来，夫妻二人骑着凤凰飞上天了。此典故后世多用来比喻求得佳偶。象征美好、圆满。这凤台在宝鸡县东南面，早已毁掉了。②

又据台湾著名学者王叔岷《列仙传校笺》本载："萧史者，秦穆公时人也。善吹箫，能致孔雀、白鹤于庭。穆公有女字弄玉，好之，公遂以女妻焉。日教弄玉作凤鸣，居数年，吹似凤声，凤凰来止其屋，公为作凤台，夫妇止其上，不下数年。一日，皆乘凤凰飞去，故秦人为作凤女祠于雍宫中，时有箫声而已。"

我们注意到，关于《列仙传》一书的真伪，学术界历来颇多争议。王氏在其《列仙传校笺序》中，列举大量内证，认定刘向《列仙传》所言，"自是汉人口吻。《四库提要》疑为'魏、晋方士为之'恐不然矣。或有魏、晋间人附益者耳"③。可见，王氏并未否定刘向的著

---

①《辞海》，凤女台，中华书局，1936 年，第 79 页。
②王叔岷. 列仙传校笺. 北京：中华书局，2007：80.
③王叔岷. 列仙传校笺序. 北京：中华书局，2007：2

作权，也肯定了该书的基本内容的可信度。

近人著名学者，文献学家余嘉锡，在其所著《四库提要辨证》（三）第十九卷中，旁征博引，洋洋五千余言，对《列仙传》一书成书年代，版本源流及其学术价值，详加辨析。他虽然认定此书非刘向所作，但最终结论认定："综合诸论观之，此书为（汉）明帝以后，顺帝以前人之所作也。"①

2. 凤台典故

据此可知，余嘉锡认为《列仙传》乃东汉人所作。复按汉明帝刘庄永平元年，乃公元58年；汉顺帝刘保永建元年，乃公元126年。即使据此推算，《列仙传》所载"凤台飞升"的传说，也距今约2000年了。若据《列仙传》所载"凤台飞升"传说的本事发生在秦穆公时代（前659—前608年在位，比老子年长约100岁）来推算，则这一传说发生的年代更早，约在距今2500年左右了。

我们还注意到郦道元《水经注》卷十八《渭水》"又东过武功县北"句下注云："又有凤台、凤女祠。今台倾祠毁，不复然矣。"如此权威著作记载，更见其

①余嘉锡. 四库提要辨证. 北京：中华书局出版社，1980：1207.

典故古老。

在临洮东山（又名岳麓山），有"凤台"二字砖刻在长方形砖墙之上。龛高 1 米，宽 1．5 米，形成横额。龛内自右至左阴刻"凤台"二字，楷书繁体，两字饱满刚劲，较为醒目。谁之墨宝，无从可考。重要的是，这个砖刻落款为"光绪九年癸未秋重建"（1883 年），表明这个砖刻已是多年前所立。

凤台典故象征着祥瑞、吉利、圆满、美好。

（二）从蒋之奇到杨继盛

1. 关于蒋之奇更名"超然台"

据明万历《洮洲府志》① 记载，唐朝代宗（763—779 年）以后，狄道陷于吐蕃控制，约三百年之久。狄道旧城毁于战火，建筑物亦化为灰烬。到北宋熙宁五年（1072 年）得以收复。

北宋元丰年间，进士出身的蒋之奇于元丰六年（1083 年）任熙州（今临洮）知府，狄道城池古迹逐渐修复。

在整修时，蒋之奇想到了老子终老的史迹，学养很高的他，根据《道德经》第 26 章中的"虽有荣观，燕

---

① 唐懋德. 洮洲府志：卷八. 明万历时木刻刊印.

处超然"的佳句，将"凤台"更名为"超然台"。此后，临洮文人和民众中，有仍称"凤台"的，也有改称"超然台"的。

"超然台"一名改得好，既摆脱了宗教迷信的窠臼，更体现了老子的思想精髓。试想，蒋之奇若不承认超然台是老子逝地，他能这样改吗？

但是，蒋之奇未能提出老子逝于狄道的文献史料依据，不能视为老子隐迹之确证，只是难能可贵的旁证。

2. 关于州志载杨继盛《自叙年谱》

清乾隆时的《狄道州志》① 中，不仅明确记载了前叙狄道超然台来历原委，更收录有明嘉靖年间杨继盛的《自叙年谱》。这是我们搜集到的在狄道任职、正面论述老子隐迹的唯一文献典籍。

（1）杨继盛简历

杨继盛（1516—1555 年），字仲芳，号椒山，河北容城人，进士出身，《明史》有传。他一生七易其职，在兵部武选司员外郎任上，弹劾奸相严嵩，被杀害于北京西市，成了光耀史册的一大名臣，其高风亮节堪称"中国的脊梁"。在我国民俗文化中，杨继盛被奉为城隍。

---

①呼延华国. 狄道州志：卷十. 清乾隆时木刻刊印.

（2）杨继盛在狄道

杨继盛在 1551 年北京兵部车驾司员外郎任上因弹劾仇鸾被下狱，受尽折磨后被贬为陕西临洮府狄道县典史。他在狄道勤于政事，为人民办了许多好事，特别是重教兴学，开辟了发展狄道文化教育的先河。他一生为官清廉、刚正不阿、治学严谨、热爱教育，在狄道期间，深受当地各族人民爱戴。

（3）年谱述及

经过考究，杨继盛在《自叙年谱》① 中述及狄道县岳麓山超然台时极为认真，相当谨慎地写道："此台相传为老子飞升之所。"接着，他判定"盖过函关西来，所传或不谬云"。

同时，在《狄道州志》中亦载有杨继盛在狄道岳麓山建立书院时，为表示对老子逝地的崇敬，采用了宋代蒋之奇之意，命名为"超然书院"，来传播老子文化。

当然，杨继盛《自叙年谱》所记，与蒋之奇改称"超然台"同型，摆脱了宗教迷信窠臼，只能是老子隐迹难能可贵的旁证。

---

①呼延华国. 狄道州志：卷十.

参考文献

[1] 司马迁，史记，卷一、二、六十三 [M]. 上海：中华书局据武英殿本 1936：26 - 44 - 750。

[2] 任犀然，图解道德经 [M]. 北京联合出版公司，2016：395。

[3] 周西华，道苑冬卷 [J]. 中国文史出版社，2018：4。

[4] 班固，汉书，卷二十八、三十 [M]. 中华书局简体字本，1999：1318 - 1368。

[5] 张玉春、金国泰，老子注译，二十六、三十九、五十三章 [M]. 巴蜀书社，1991：67 - 99 - 131。

[6] 郭庆藩，庄子集释，卷二 [M]. 中华书局，第四册，1961：127 - 962。

[7] 陆德明，叙录 [M]. 上海古籍出版社，1958：2718。

[8] 张金岭，新译列仙传 [M]. 台湾三民书局，1997：32。

[9] 杨伯峻，春秋左传注 [M]. 中华书局，1990：1188。

[10] 吕不韦，吕氏春秋·审分览·不二 [M]. 上

海古籍出版社（四库全书），848 册，1983：42。

[11] 刘向，列仙传［M］. 上海古籍出版社，1990：3。

[12] 陈鼓应，老子新论［M］. 商务印书馆，2008：129。

[13] 宝鸡县志，古籍篇［M］. 西安国民印书局，1936：18。

[14] 干宝，搜神记［M］. 上海人民出版社，1984：578。

[15] 郦道元，水经注卷十七、十九［M］. 上海人民出版社，1984：576－596。

[16] 李昉，太平御览卷二、三［M］. 中华书局，1960：3－35。

[17] 范晔，后汉书卷三十［M］. 中华书局简体字本，1999：727。

[18] 公羊寿、胡母子都，公羊传［M］. 知识出版社，1994：12。

[19] 王国维，观堂集林［M］. 中华书局，1959：529－533。

[20] 刘光华，甘肃通史［M］. 甘肃人民出版社，2009：301。

[21] 葛洪，抱朴子［M］. 上海古籍出版社，

1990：116。

　　［22］肖子显，南齐书卷五十四［M］．中华书局简体字本，1999：633。

　　［23］秦州直隶新志卷十二［M］．古籍出版社，［光绪］：24。

　　［24］天水县志卷二［M］．兰州国民印书局，［民国］：13。

　　［25］渭源县志附录［M］．兰州大学出版社，1998：812。

　　［26］周绍良，唐代墓志汇编续集［M］．上海古籍出版社，2001：260－286。

　　［27］徐化民，渭源史话［M］．甘肃文化出版社，2006：262。

　　［28］李吉甫，元和郡县图志卷四十［M］．中华书局出版，1983：1025。

　　［29］李泰，括地志［M］．商务印书馆，2007：65。

　　［30］张掖地区教育处教研室，张掖史地读本（历史分册）［M］．兰州大学出版社，1997：113。

　　［31］张志纯、何成才，张掖民间传说故事［M］．甘肃文化出版社，2002：8－12。

　　［32］列御寇，列子黄帝篇［M］．中华书局，

1979：41。

　　［33］张松辉，老子研究［M］. 人民出版社，2006：63。

　　［34］呼延华国，狄道州志卷十［M］. 木刻刊印，［清］：2。

　　［35］张克复，甘肃史话［M］. 甘肃文化出版社，2007：137。

　　［36］张炳玉，老子与当代社会［M］. 甘肃人民出版社，2008：264－290。

　　［37］杨明前、范鹏、张世海，甘肃民族与宗教［M］. 甘肃人民出版社，1996：310。

　　［38］钱穆，庄老通辨［M］. 生活·读书·新知三联书店，2002：13。

　　［39］钱穆，先秦诸子系年考辨［M］. 中华书局，1985：4。

　　［40］汪中，述学［M］. 辽宁教育出版社，2002：102。

　　［41］陈鼓应，老子注译及评价［M］. 中华书局，1984：1－8。

　　［42］严可均，全上古三代秦汉三国六朝文［M］. 上海古籍出版社，2009：82。

　　［43］冯友兰，中国哲学史新编［M］. 人民出版

社，1998：347。

［44］任继愈，中国哲学史论［M］．上海人民出版社，1981：170－196。

［45］余嘉锡，四部提要辨证［M］．中华书局，1980：1185－1202。

［46］侯外庐、赵纪彬、杜国庠，中国思想通史［M］．人民出版社，1957：257。

［47］王明，道家和道教思想研究［M］．中国社会科学出版社，1984：3－80。

［48］牟钟监、胡孚琛、王葆玹，道教通论［M］．齐鲁书社，1991：122。

［49］南怀瑾，老子他说［M］．上海：复旦大学出版社，2002：1。

［50］傅勤家，中国道教史［M］．上海：商务印书馆，1937：1。

［51］郭沫若，十批判书［M］．科学出版社，1956：152－184。

［52］卿希泰，中国道教思想史［M］．四川人民出版社，1980：1－124。

［53］武内义雄，老子之研究［M］．东京改造社，［昭和2年］：1。

［54］范文澜，中国通史简编［M］．人民出版社，

1949：650 - 653。

[55] 吕振羽，简明中国通史 [M]. 人民出版社，1955：83。

[56] 吕思勉，先秦学术概论 [M]. 中国大百科全书出版社，1985：1 - 18。

[57] 刘雁翔，马毅明，老子归隐地寻踪 [J]. 中国地方志，2007：54 - 55。

[58] 陈维山，临洮史话 [M]. 甘肃文化出版社，2005：3。

[59] 罗莘田，道藏源流攷 [M]. 中华书局出版，1962：62 - 98。

[60] 杨伯峻，列子集释 [M]. 中华书局出版，1979：1 - 114。

[61] 王叔岷，列仙传校笺 [M]. 中华书局出版，2007：18 - 21，80 - 84。

[62] 郭璞，穆天子传注 [M]. 上海古籍出版社出版，1990：1 - 23。

[63] 东方朔，十州记 [M]. 上海古籍出版社出版，1990：7。

[64] 胡守为，神仙传校释 [M]. 中华书局出版，2010：1 - 6。

[65] 王国维，水经校注 [M]. 上海人民出版社出

版，1984：1 - 16。

　　[66] 陈桥驿，水经注校证 [M]. 中华书局出版，2007：1 - 17，423 - 474。

　　[67] 陈桥驿，水经注图校释 [M]. 山东画报出版社出版，2003：16 - 17，146 - 147。

　　[68] 匡亚明，中国思想家评传丛书 [M]. 南京：南京大学出版社出版，2000：157 - 298。

　　[69] 余嘉锡，四库提要辩证 [M]. 中华书局出版，1980：1137 - 1145，1185 - 1195。

　　[70] 宋·王溥，唐会要卷五十 [M]. 中华书局出版，1955：865。

　　[71] 梁启超，中国历史研究法 [M]. 上海：华东师范大学出版社出版，1995：52 - 174。

　　[72] 傅斯年，史料略论及其他 [M]. 辽宁教育出版社出版，1997：1 - 49。

　　[73] 袁英光、刘寅生、王国维水经注校 [M]. 上海人民出版社出版，1984：1 - 16。

附　录

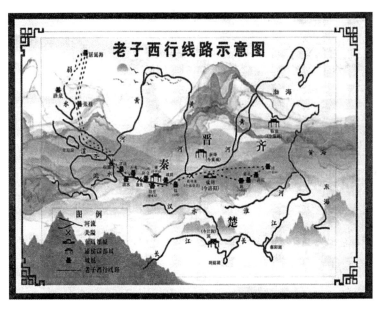

老子西行线路示意图　　黄文华、潘冬梅作

后　记

（一）本书得到了省市县党政组织领导的关怀和支持；得到了会内外企业家，贤达人士和广大会员的支持和赞助；我会历届研究会和党支部领导的关心、支持和帮助；得到了国内许多专家学者的支持、指点；得到了老伴和亲属的支持和多方关照；得到了友朋诸多事务料理帮助；为保证"考述"工作开展奠定了基础，特致谢意！

（二）在此，我对本书贡献最大的四位著名专家学者特表敬意。他们是：蹇长春、范鹏、雷紫翰、张淑菊同志。

乡兄蹇长春，1949 年前共师同学，共同参加当时的社会活动。后各奔前程，如今他已是资深教授。为人诚实忠厚，不辞劳苦，助人为乐，品质高尚。在本书编辑的近十年中，不仅复印近百件文献史料，设计方案，且亲自执笔，逐一点评。长篇信札，长时通讯，甚至忘时面谈达五十余次，力求精准。回顾这十多年中，若少得蹇兄帮助，将不会有今日《老子隐迹考述》的面貌。

平时本人深受范鹏同志鼓励鞭策。吾与其父母交往有年，知其少时敏捷。因此他学有所成后，我爱阅读其大作，感受颇深，与范鹏也成忘年之交，敬有所加。2014年，我会就本书面向社会征求意见时，得范鹏同志赐稿《研究老子史迹，传承中华智慧》。这篇评论，肯定了"老子考述"的意义，阐明了方向，鼓励了本会工作。督促我们坚定地把"老子隐迹考述"进行下去，鞭策我们不畏困难，不可半途而废，求得进展。此评论对本书成型指导意义重大。现作代序发表，以示感谢。

省老子文化研究会领导雷紫翰、张淑菊同志，十分关心本书的成稿和修改工作，多方宣传本书内容。特别是对版面结构的调整布局，拿出了中肯方案。在百忙中，为本书作序，点评全书，对本书有着"画龙点睛"的作用。

（三）书名演进过程

我于1958年毕业支边，来到了临洮，开始了老子在临洮隐迹的考究。逐年写就了《谈谈老子》《老子隐迹谈》《老子其人》《学习道德经》《老子在临洮飞升吗?》等一部分学术文章，在省内报刊发表。

随着岁月演进，我在五十年前开始集中精力学习《老子》，在研究老子隐迹方面有所长进。几位专家学者多次建议，以《老子隐迹考》为书名，编辑上述若干论文，以内部交流，征求国内各方专家、学者意见。

我们本着"交流合作，共谋发展，传承创新"的美好愿望，请求把脉指路、建言求策。《老子隐迹考述》在全国征求意见过程中，收效甚佳。该"考"受到称赞鼓励，也收到指点评论。因此，我们总结扩大征求意见面，不断修改，用五年时间，五次发出征求意见稿，反复提炼，吸取养分。

根据征求意见所得，本书最后定名《老子隐迹考述》。可考则考，可述则述，意在加宽行文的灵活性，不囿于单一的体裁方式。

（四）这本书不断修订，体例结构大有变动。稿件由无内在逻辑的廿一篇合并为十七篇，最后再调整为现在的十二课题。课题紧紧围绕"老子隐迹"研究，突出主题，既独立成章，又思想内涵互补。考述一体，成为一集。既是论文专题集，也有学术随笔。正如范鹏同志在评论中所指出的："这本集子很难归结为一种固定的研究方式，更多地体现为综合创新式的研究。"回顾起来，在这个问题上我本人用力不足。

在此搁笔之际，老生唯愿方方面面，再助一臂之力！